꿈을 품고
윙을 달다

꿈을 품고 윙을 달다

초판 1쇄 발행 2021년 3월 20일
초판 1쇄 인쇄 2021년 3월 10일

지은이 송연희
발행인 조경아
발행처 랭귀지북스
주소 서울시 마포구 포은로2나길 31 벨라비스타 208호
전화 02.406.0047 팩스 02.406.0042
등록번호 101-90-85278 등록일자 2008년 7월 10일
이메일 languagebooks@hanmail.net
블로그 blog.naver.com/languagebook
ISBN 979-11-5635-157-3 (13320)
값 15,000원

꿈을 품고
윙을 달다

랭귀지북스

Preface

머리말

최초의 여자 승무원은 누구였을까? 최초의 여자 승무원은 아이오와주의 간호사 면허증을 가진 엘렌 처치(Ellen Church)이다. 비행에 매력을 느껴 조종사 교육을 받았던 엘런 처치는 유나이티드항공(당시 '보잉 에어 트랜스포트')에 조종사로 입사신청서를 냈다. 21세기인 지금도 보이지 않는 남녀차별이 존재하는데 1930년대는 어땠을까? 항공업계는 당연히 남자들만의 세상이었고 엘렌 처치의 입사신청서는 매번 거절당하였다. 절대 열리지 않는 문을 두드리면서 엘렌 처치는 어떤 심경이었을까? 아마도 슬펐을 것이다. 하지만 그녀는 '난 여자이니까 항공업계 입사는 불가능하구나.'라고 비관하며 포기하지 않았다. 아마 엘런 처치가 포기했다면 최초의 여자승무원은 1930년이 아닌 그 후 몇 년, 몇 십 년이 지나서 나왔을 것이다. 그녀는 조종사가 안 된다면 내가 할 수 있는 일은 무엇이 있을까를 고민했고, 간호사가 항공기에 탑승하면 일반대중들의 비행공포를 줄이는 데 도움이 될 거라는 신선한 아이디어를 항공업계에 제공했다. 결국 이것이 받아들여져서 1930년 5월 15일, 그녀는 세계 최초의 스튜어디스가 되었다. 참 멋진 여성이지 않은가?

많은 친구들이 알겠지만 나는 많은 예비승무원들과 고민도 이야기하고 소통하려 노력하고 있다. 잠자는 시간을 줄여가며 새벽까지 많은 예비승무원들과 소통을 하는 이유는 나의 부족함을 채우기 위해서이다. 대부분의 친구들이 알겠지만 나는 항공과 출신도 아니고, 승무원 출신도 아니다. 서울의 4년제 대학을 졸업하고 종로엠스쿨, 하이스트와 같은 입시학원에서 과학과 화학을 가르쳤고, 제2의 직업으로 CS강사를 선택하여 예비승무원들과의 인연이 시작되었던 것이다. 입시에 있어서는 다른 사람보다 더 전문적일 수 있으나 승무원과 관련된 부분은 부족하다고 느끼기 때문에 승무원에 관련된 서적을 읽고, 학원에서 근무하는 승무원 선생님들의 경험담을 듣고, 학원에 방문해 주시는 항공과 교수님들의 특강을 듣고, 각 대학 홈페이지에서 학교별 입시요강을 분석하며 노력 중이다. 예비승무원들의 멘토가 되기 위해서는 멘티들의 고민이 무엇인지, 궁금해하는 점이 무엇인지 알아야 하기에 최대한 많은 예비승무원들을 만나고 있다. 고등학교에서 진행되는 학교특강, 직업체험, 승무원 동아리 재능기부 강의, 개별 멘토링과 SNS를 통해 많은 예비승무원들을 만날수록 승무원이라는 꿈이 얼마나 간절한지, 그 꿈을 위해 얼마나 많은 고민과 노력을 하는지 잘 알기에 이 책을 선택한 예비승무원들을 응원하며 꼭 꿈을 이루기를 간절히 바란다.

요리전공자는 아니지만 외식업계를 평정하고 매스컴까지 사로잡은 백종원 셰프는 나의 롤모델이다. 항공과 출신도 승무원 출신도 아니지만 예비승무원들을 응원하고 공부하는 나의 진심이 닿아 항공과 입시를 준비하는 예비승무원 친구들이 멘토로서 떠오르는 사람 중의 한 사람이 되기 위해 끊임없이 노력하고 정진할 것이다. 이 글을 읽고 있는 여러분 또한 롤모델을 정한다면, 꿈을 향해 가는 길에 슬럼프가 올 때나 잠시 지칠 때가 있더라도 조금 더 수월하게 극복할 수 있지 않을까?

평소 나의 멘티들에게 들려주던 선배 이야기나 항공과 관련 정보 등을 카페에 마주 보고 앉아 이야기하듯이 글을 써 내려가 보았다. 책 사연 주인공들의 이야기를 쓰기 시작한 게 어제 일 같은데, 이렇게 책으로 출판되어 여러분을 만나서 정말 영광이다. 그리고 귀찮을 수 있음에도 기쁜 마음으로 인터뷰에 응해 줬던 사연의 주인공들에게 너무 고맙고, 내가 과연 예비승무원들을 위한 책을 출판할 수 있을지 두렵고 지쳤을 때 용기와 응원을 해 주셨던 많은 선생님들과 교수님들에게 감사한 마음을 전하고 싶다.

마지막으로 이 책을 읽는 모든 예비승무원 여러분!
첫 비행의 그날까지 여러분을 응원합니다. 힘내세요.

Preview

이 책을 보는 방법

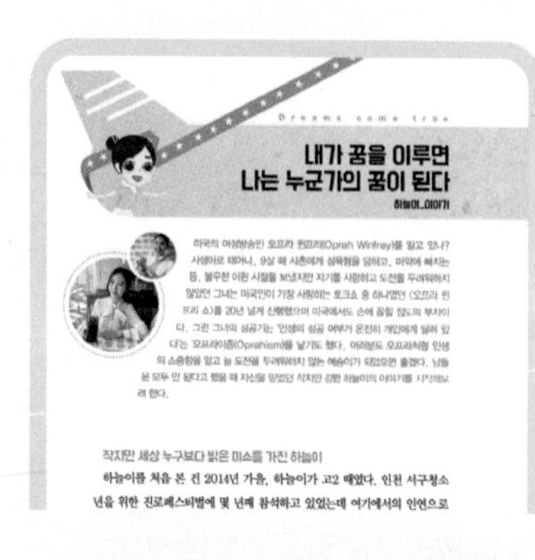

사례

여러분처럼 승무원을 꿈꿔왔고 그 꿈을
이루기 위해 한 걸음씩 다가가고 있는
예승이 선배들의 생생한 리얼 스토리입니다.

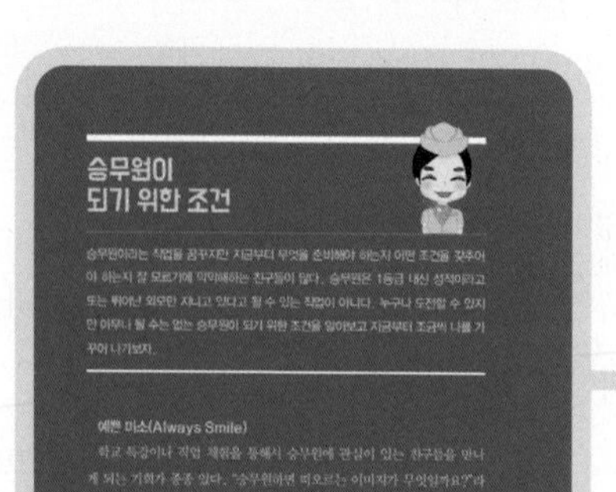

정보

예승이 여러분이 가장 궁금해하는
승무원 관련 정보를 알기 쉽게
정리했습니다.

Know-How

예승이들이 알아두면 좋은 내용을
만화 형식으로 구성했습니다.
따라 하다 보면, 단점을 장점으로
만들 수 있답니다.

이 책은 예승이들의 사례는 물론 항공과 입시에 대한 정보,
입학 관련 내용, 노하우, 리얼 스토리 등을 본문과 만화 등을 통해
쉽게 알 수 있도록 구성되어 있습니다. 이외에도 연희쌤 한마디,
예승이들에게 전하는 조언 등이 있습니다.

Special page

전국 항공과 소재지 및 모집인원

항공과를 준비하는 예승이들과 멘토링을 하다 보면, 의외로 대학에 대한 정보가 부족한 친구들이 많다. 입시도 전략이기 때문에 대학에 대한 정보력이 뛰어날수록 합격률도 높아진다.

전국 항공관련학과 대학 현황(2021년 기준)

위치		학위	대학	학과	남학생	모집인원(명)
인천	남구	2년제	인하공업전문대학	항공운항과	o	190
				항공경영과	o	여자 : 90
						남자 : 30
	동구		재능대학	항공운항서비스과	o	90
	계양구		경인여자대학	항공관광과		100
서울	중구	2년제	정화예술대학	항공호텔관광학부	o	80
	서초구		백석예술대학	항공서비스학부	o	260
	서대문구		명지전문대학	항공서비스전공	o	39
	노원구		인덕대학	글로벌항공서비스학과	o	72
	성동구		한양여자대학	항공과		100
	서대문구	4년제	서울문화예술대학	항공서비스학과	o	100
	노원구		삼육대학	항공관광외국어학부	o	40

Special Page

항공과 입시에 관련된 여러 가지 정보를
스페셜 페이지 형식으로 구성했습니다.

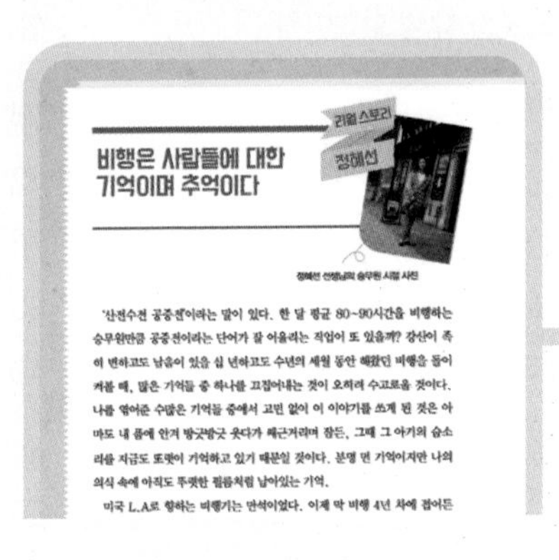

리얼 스토리

정혜선

비행은 사람들에 대한 기억이며 추억이다

정혜선 선생님의 승무원 시절 사진

'산전수전 공중전'이라는 말이 있다. 한 달 평균 80~90시간을 비행하는 승무원만큼 공중전이라는 단어가 잘 어울리는 직업이 또 있을까? 강산이 족히 변하고도 남음이 있을 십 년하고도 수년의 세월 동안 해왔던 비행을 돌이켜볼 때, 많은 기억들 중 하나를 끄집어내는 것이 오히려 수고로울 것이다. 나를 엮어준 수많은 기억들 중에서 고민 없이 이 이야기를 쓰게 된 것은 아마도 내 품에 안겨 방긋방긋 웃다가 쌔근거리며 잠든, 그때 그 아기의 숨소리를 지금도 또렷이 기억하고 있기 때문일 것이다. 분명 먼 기억이지만 나의 의식 속에 아직도 뚜렷한 필름처럼 남아있는 기억.

미국 L.A로 향하는 비행기는 만석이었다. 이제 막 비행 4년 차에 접어든

리얼 스토리

현직에 계셨던 승무원 선생님들의 생생한
리얼 스토리입니다. 승무원 시절에 있었던
잊지 못할 이야기를 담았습니다.

만화

예승이의 일상과 꿈을 공감 가는
이야기 스타일의 만화로 구성했습니다.

Contents
차례

1 Chapter
신체적인 조건을 극복하다

2 Chapter
꿈이 없던 내가 꿈을 꾸다

3 Chapter
나는 누구보다 간절하다

4 Chapter
새로운 꿈을 꾸다

5 Chapter

세상의 편견에 맞서다

승무원이라는 직업을 떠올리면 대부분의 사람들은 내면적 아름다움보다는 외면적인 아름다움을 생각한다. 때문에 승무원을 꿈꾸는 예비승무원 친구들은 외모적인 스트레스를 많이 받는다. '나는 키가 작은데…', '나는 통통한데…', '나는 예쁜 얼굴이 아닌데…', '그렇기 때문에 나는 못하겠지.'라는 부정적인 생각을 하는 경우가 많은데 이런 신체적인 조건을 좌절이 아닌 긍정적인 마음과 강한 의지로 이겨내고 당당하게 항공과를 입학한 예비승무원들을 만나보자.

Chapter 01

신체적인 조건을 극복하다

Dreams come true

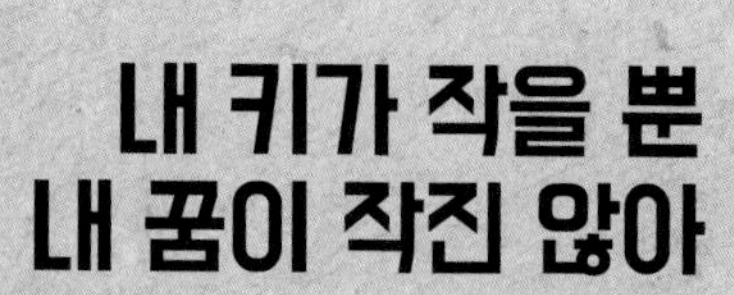

내 키가 작을 뿐 내 꿈이 작진 않아

진희_이야기

그토록 원하던 1지망 대학에 합격하는 순간에 기분은 어떨까? 그것도 수시 1차에서 모든 대학에 떨어진 후 수시 2차에서의 합격이라면? 항공과 1지망 대학을 합격했을 때의 기쁨은 그냥 일반학과 대학 합격의 기쁨과는 비교할 수가 없다. 1등급인 친구가 2년제 대학의 항공과에서 떨어지는 경우도 있고, 8등급인 친구가 합격하는 경우도 생긴다. 절대 그 누구도 예측할 수 없는 입시전쟁, 그리고 면접전쟁이기에 살 떨리게 무서운 반전 드라마가 마구 펼쳐지는 곳, 그곳이 항공과 입시이다.

입시전쟁, 면접전쟁 그곳이 바로 항공과

그런 반전의 주인공 중 하나가 바로 진희다. 진희의 키는 반올림하여서 158cm, 내신은 4~5등급, 면접을 준비한 시기는 고3, 5월부터였다. 객관적인 스펙만 따지면 진희는 평균이하일 수밖에 없는 키와 내신등급, 그리고 면접 준비 기간을 갖고 있었다. 거기에다 진희는 보통의 예승이들처럼 간절한 마음으로 어머니를 설득하여 면접 준비를 시작한 케이스도 아니었다. 오히려 반대 케이스였다. 진희는 고등학교 때부터 방송부 활동을 하면서 PD라는 직업을 꿈꿨다. 진희의 밝고 긍정적인 성격, 4~5등급의 내신 성적 등을 모두를 따져보았을 때 PD보다는 항공사 직원이 더 잘 어울릴 것 같다고 판단한 어머니의 권유로 준비를 시작하였다. 진희는 백석대학교 이향정 교수님이 초청된 특강을 듣고 바로 면접 준비를 시작하였다. 면접 준비를 하면서 점점 지상직 직원의 매력도 알게 되었고 처음 시작해보는 면접 준비가 신기하면서도 차츰 본인에게 맞다는 것을 깨달았다고 한다.

면접의 계절, 가을

어김없이 시간은 흘러 면접의 달, 10월이 왔다. 완벽한 어피어런스(Appearance, 올바른 복장과 정돈된 헤어)를 갖추고 하루에 2~3개 대학의 면접을 본다는 것은 육체적으로나 정신적으로 매우 힘들다. 고된 면접의 하루하루를 보내면서도 수시 1차에 합격이라는 희망을 품고 대부분의 예승이들이 견디었을 것이다. 경기도 소재의 B대학에서는 못 먹는 음식이 무엇이냐는 질문에 '개불'이라고 대답을 해서 면접관들이 모두 웃었다고 한다. 면접장에서 그런 좋은 분위기가 형성되면 '이 학교는 합격이다!'라는 착각을 하기도 한다. 진희도 면접을 잘 봤다고 느껴 내심 수시합격을 기대했지만, 결과는 수시 1차 모두 불합격이었다. 이 결과는 진희에게 큰 상처였다. 하지만 진희는 포기하지 않았다. 밝고 긍정적 성격의 진희를 잘 알고 계신 어머니의 믿음처럼, 진희는 오히려 더 담담하게 면접을 준비하고 보았다. 특히 인천 소재의 I대학 면접을 볼 때는 마음을 비우고 보았다고 한다. 결과는 합격이었다. 담당 선생님에게 합격 소식을 알리는 전화에서 얼마나 엉엉 울던지, 그 소리가 전화기 너머로 다 들렸다. "넌 할 수 있어."라고 늘 다독여 주셨던 어머니께서도 얼마나 마음을 졸이셨던지 합격 발표를 확인하시고 진희보다 더 펑펑 우셨다고 한다.

더 간절해진 꿈

그렇게 진희는 I대학의 항공경영과 학생이 되었다. 3월 대학생활이 시작됨과 동시에 동기들 중 본인의 키가 가장 작다는 것을 알았다고 한다. 본인 스스로가 아담하다는 것을 알았지만, 항공과 면접을 준비하기 전까지는 키에 대한 콤플렉스를 느껴 본 적이 없었다. 이렇게 키에 대한 콤플렉스가 없었던 진희조차도 면접을 보러 다니면서, 특히 대학 입학 후 작은 키에 대한 콤플렉스가 생겼다고 한다. 하지만 콤플렉스 때문에 주저앉을 진희가 아니었다. 그랬다면 I대 합격조차 힘들었을 것이다. 아담한 키를 극복하기 위해 더 활짝 웃으며 누구보다 열심히 토익공부를 하고 있다. 지상직 직원이라는 직업을 알고 꿈을 꾼 건 고3부터지만 진희의 꿈에 대한 열정과 노력만큼은 절대 작지 않다. 어머니께서 지상직 직원이라는 꿈과 면접 준비의 시작을 이끌어 주셨다면 결국 그 꿈을 멋지게 이루어 내는 건 진희일 것이다. 진희가 그 꿈을 반드시 이루어 낼 거라는 것을 나는 믿는다.

연희쌤의 **한마디**

우리나라만큼 대학입시와 취업에서 '스펙'이라는 말을 많이 쓰는 곳이 있을까? '스펙'만 놓고 보면, 항공과 입시에서 진희의 스펙은 턱없이 부족할 수 있다. 하지만 진희는 예승이들의 꿈인 I대학에 당당하게 입학하였다. 스펙에 기죽지 말자! 항공과 입시는 정말 뚜껑을 열어보아야 알 수 있다. 해보지도 않고 결과를 보기도 전에 '난 안 될 거야.'라는 비관도 '나 정도면 될 거야.'라는 오만한 생각도 하지 말자.

너의 꿈이 작은 씨앗이라면

용기라는 물과 열정이라는 햇빛을 주어라.

꿈이 쑥쑥 자라날 수 있게…

Dreams come true

내가 꿈을 이루면 나는 누군가의 꿈이 된다

하늘이_이야기

미국의 여성방송인 오프라 윈프리(Oprah Winfrey)를 알고 있나? 사생아로 태어나, 9살 때 사촌에게 성폭행을 당하고, 마약에 빠지는 등, 불우한 어린 시절을 보냈지만 자기를 사랑하고 도전을 두려워하지 않았던 그녀는 미국인이 가장 사랑하는 토크쇼 중 하나였던 〈오프라 윈프리 쇼〉를 20년 넘게 진행했으며 미국에서도 손에 꼽힐 정도의 부자이다. 그런 그녀의 성공기는 '인생의 성공 여부가 온전히 개인에게 달려 있다'는 '오프라이즘(Oprahism)'을 낳기도 했다. 여러분도 오프라처럼 인생의 소중함을 알고 늘 도전을 두려워하지 않는 예승이가 되었으면 좋겠다. 남들은 모두 안 된다고 했을 때 자신을 믿었던 작지만 강한 하늘이의 이야기를 시작해보려 한다.

작지만 세상 누구보다 밝은 미소를 가진 하늘이

하늘이를 처음 본 건 2014년 가을, 하늘이가 고2 때였다. 인천 서구청소년을 위한 진로페스티벌에 몇 년째 참석하고 있었는데 여기에서의 인연으로 하늘이가 상담을 받게 되었다.

"어렸을 때 승무원이 꿈이었어요. 하지만 승무원을 하기에는 제 키가 너무 작아요. 그래도 아직 서비스 분야에 관심이 매우 많으니 가볼게요."

발랄한 목소리에 하늘이를 만난 날, 나는 하늘이의 미소에 반하고 말았다. 객실승무원을 하기에는 너무 작은 키, 하늘이의 키는 154cm이었다. 하지만 하늘이의 미소는 정말 예뻤으며 사람을 기분 좋게 만드는 매력을 가지고 있었다. 하늘이는 원래 보석세공 관련 특성화고등학교에 다니고 있었다. 승무원이라는 직업에 대한 동경과 관심은 매우 높았지만 현실적으로 내신

등급이 그리 높은 것도 아니고 특성화고등학교이므로 진학보다는 보석 세공 쪽으로 취업을 생각하고 있었다. 너무 예쁘고 미소를 보는 사람마저 행복하게 만드는 이 아이가 제대로 꿈도 펼쳐보지 못하고 보석 세공 공장에서 일한다고 생각하니 너무 안타깝고 아까웠다.

"승무원이 꼭 객실승무원만 있는 것은 아니야. 공항에서 일하는 지상직 직원도 있고, 또 호텔리어, 비서와 같은 서비스직으로도 충분히 취업이 가능해."

"특성화고등학교 4등급 정도의 성적이긴 하지만 면접이 60%로 높기 때문에 항공과 대학에 충분히 갈 수 있어."라는 설명을 듣고 진지하게 고민을 한 것 같았다. 그렇게 하늘이는 나의 멘티가 되었다.

슬럼프의 달, 3월

하늘이는 모든 수업에 적극적이며 친구들과도 잘 어울리고 얼굴에는 늘 미소가 가득했었다. 그렇게 3개월 정규반 과정을 모두 마치고 심화반 수업도 잘 듣던 하늘이가 조금 이상하기 시작했던 건 3월 말쯤부터였다. 자꾸 이런 저런 이유로 학원을 안 오기 시작했다. 자꾸 결석을 하며 핑계를 대고 있다는 느낌이 들어서 직접 전화를 걸어 무조건 학원에 와서 면담을 하자고 했다. 결국 상담 테이블에 하늘이와 마주보고 앉았다.

"하늘아 무슨 일 있지? 선생님한테 말을 해야 선생님이 도와주지."

처음에는 절대 아무 일 없다던 하늘이가 펑펑 울기 시작했다. 사연은 이러하다. 3월에 상담을 하던 중 담임선생님께서

"네 키에 무슨 승무원이야? 성적이 좋은 것도 아니고 괜히 시간낭비하지 말고 취업준비나 해."라고 하셨단다. 담임선생님 말씀이 맞는 것 같다면서 성적도 안 좋고, 키도 작고, 영어도 못하는데 무슨 대학을 가겠냐며 학원을 그만두고 취업준비나 하겠다고 펑펑 우는 하늘이를 보는데 얼마나 마음이 아팠는지 모른다. 충분히 할 수 있는 친구에게 왜 그리 아픈 말을 해서 꿈을 무참히

밟아 버리는지, 그날은 얼굴 한번 본 적이 없는 하늘이의 담임선생님이 미웠다.

그날은 네가 얼마나 모든 예승이들이 부러워하는 장점을 갖고 있는지를 모르냐면서 충분히 할 수 있다고 겨우 다독여 보냈었다. 그런 과정이 몇 번 반복되고 하늘이가 다시 면접 준비를 시작할 때는 초여름이었다. 다시 웃으면서 학원도 나오고 힘든 고3 집중반도 열심히 하고 또 수업이 끝난 후에는 친구들과 웃으면서 스터디까지 하는 하늘이를 보면서 마음속으로 얼마나 흐뭇하던지 아마 하늘이는 모를 거다.

모두를 놀라게 만든 결과

찬 바람이 불고 수시 1차 결과 발표가 나던 날, 그날이 아직도 생생하다. 하늘이의 합격을 확인한 순간 너무 기뻐서 나도 모르게 소리를 질렀다. 담임선생님은 절대 못 갈 거라던 예승이들의 꿈의 대학인 I대에 그것도 수시 1차로 당당히 합격한 것이다. 발표를 확인하자마자 하늘이에게 전화를 했는데 학교에서 돌아온 뒤 자고 있어서 본인이 합격한 소식을 모르고 있었다. I대 합격발표 일에는 합격 발표 30분 전부터 서버가 다운될 정도인데, 정작 하늘이는 자신이 합격하리라는 생각을 하지 않았기에 하교 한 뒤 집에서 잠을 자고 있었던 것이다. 통화한 처음에는 장난으로

"너 떨어졌어.",

"그럴 줄 알았어요."

너무나 담담하게 대답하던 하늘이. 그런 하늘이가 I대에 당당히 합격하였다. 키 154cm, 특성화고등학교, 내신 4등급 객관적 스펙으로 보면 절대적으로 불리할 것 같았지만 고3에게 꼭 찾아온다는 슬럼프를 이겨내고 결국 해냈다. '내가 꿈을 이루면 나는 누군가의 꿈이 된다.'는 말처럼 하늘이는 이제 많은 예승이들에게 꿈이 되었다. 고3 3월의 하늘이처럼 여러분에게도 아픈 화살의 말을 던지는 담임선생님 또는 주변 사람들이 있을 수 있다. 아니

대부분 있을 것이다. 그럴 때 그 화살을 맞고 눈물 흘리고 있는 게 과연 자신에게 도움이 될까? 그런 아픈 화살의 말들은 과감히 한 귀로 듣고 한 귀로 흘려보내도 된다.

연희쌤의 **한마디**

항공과 입시에서 가장 중요한 것은 나를 믿고 나를 사랑해야 한다. 아무리 완벽해 보이는 사람에게도 단점은 있고 콤플렉스는 있다. 반대로 생각하면 누구에게나 장점은 있고 남들에게 없는 매력이 있다. 나의 단점만 생각하고 '나는 왜 이렇게 부족할까?' 우울해 하기 보다는 나의 장점을 찾고 나만의 매력을 더 발전시켰으면 좋겠다. 그렇다면 언젠가 여러분도 하늘이처럼 누군가의 꿈이 되는 날이 올 것이다.

승무원이라는 직업의 매력

여학생이라면 누구나 한 번쯤은 승무원이라는 직업에 매력을 느끼고 해보고 싶다는 생각을 해보았을 것이다. 나 또한 학창시절에 '승무원은 참 멋지다.'라는 생각을 했던 기억이 난다. 한번은 꿈꾸어보았을 승무원이라는 직업을 정말 내 직업으로 갖게 된다면 어떤 혜택과 매력이 있을까? 지금부터 함께 알아보자.

무료로 즐기는 세계여행

드라마, 영화 또는 CF에서 유럽의 웅장한 성과 멋진 풍경을 보면 한 번쯤은 나도 가보고 싶다는 생각을 해보았을 것이다. 용돈을 아끼고 모아서 대학교 때 친구와 함께 떠난 배낭여행을 통해 직접 만난 유럽은 얼마나 멋지고 아름답던지 오랜 시간이 지났음에도 불구하고 그때의 시간과 장소들이 아직도 생생히 기억에 남는다. 그리고 꼭 다시 와야지 하며 다짐했던 유럽을 나는 아직 다시 가지 못하였다. 이런 내가 너무 불쌍한 것일까? 오히려 한 번이라도 유럽 땅을 밟아본 내가 행복한 사람이라고 생각한다. 보통 사람들에게는 이런 해외여행은 쉽지 않은 달콤한 이야기이다. 하지만 직업이 승무원이라면 이야기는 달라진다. 전주나 부산보다 더 자주 유럽에 다녀오고 미국에 다녀오고 동남아에 다녀온다. 오늘 파리 샤를드 공항에 도착했다고 바로 인천공항으로 돌아오는 것이 아니라, 비행시간에 따라 휴식 시간이 주어지게 된다. 이 휴식 시간에 프랑스의 맛집에서 세계 별미를 맛볼 수도 있고, 프랑스의 멋진 풍경 또 루브르 박물관과 같은 세계의 명소를 관광할 수도 있다. 이 얼마나 매력적인 직업인가.

든든한 급여 통장

몇 달 전 꽤 충격적인 기사를 보았다. 기사의 제목은 '변호사 2만 명 시대, 월급 250만 원 변호사'였다. 내용은 제목에서 보듯이 우리나라의 변호사가 2만 명을 넘었고, 변호사가 넘쳐나다 보니 백수에 가까운 변호사도 많으며 '접견변호사'라는 신조어까지 생겼다. 그리고 요즘 젊은 변호사들 중에는 월급이 250만 원인 변호사도 많다는 기사였다. 250만 원이 적은 돈이라고 할 수는 없지만 사회 인식이 변호사라고 하면 먼저 고액연봉자라고 생각하고, 변호사가 되기 위해 투자한 비용이 꽤 많을 것으로 예상이 되는데 이에 비하면 한참 못 미치는 급여라는 생각이 든다. 그렇다면 승무원의 연봉은 어느 정도일까? 연봉이라는 것은 회사에서 받는 1년 동안의 총급여를 말한다.

승무원의 급여는 기본금+상여금+비행수당+생명수당+해외 체류비 등이 합쳐져서 초봉만 해도 3,000만 원 이상이다. 20대 초중반의 대학 졸업자가 받는다고 했을 때 매우 높은 급여임은 분명하다. 아무리 내가 좋아하는 일이라고 할지라도 하는 일에 비해 적은 급여를 받는다면 당연히 의욕이 없을 수밖에 없다. 승무원이 되었다면 급여 통장을 보고 힘이 빠질 일은 없을 것이다. 이 얼마나 매력적인 직업인가.

55세의 정년 보장

고등학교에서 특강을 하는 경우가 종종 있다. 특강을 할 때 승무원이라는 직업에 관심은 높지만 꿈으로 정해도 될지 고민이 많은 친구들이 자주하는 질문 중에 하나가 바로 '승무원의 직업 수명'이다. 밝고 단정한 승무원의 이미지 연장선에는 젊고 예쁜 승무원이 있다. 이런 이미지 때문인지 승무원은 이십 대 또는 삼십 대 초반에만 근무를 하는 것으로 생각하는 친구들이 많이 있다. 정말로 승무원은 이십 대에서 삼십 대 초반에만 할 수 있는 일일까? 그렇다면 지금도 현직에서 열심히 근무하고 있는 삼사십 대 승무원들은 어떻게 설명하라 말인가?

객실승무원은 2년의 인턴 과정을 거치면 (대한항공 기준/항공사마다 인턴 기간 다소 차이가 있음) 항공사의 정직원이 된다. 객실승무원은 항공사의 정직원으로 55세(정년이 60세인 항공사도 있음) 정년까지 근무가 가능하다. 요즘 대부분의 가정들은 맞벌이 부부가 많다. 남자도 여자도 결혼 후에 계속 일을 한다는 이야기이다. 55세까지 정년이 보장되는 든든한 직장, 이 얼마나 매력적인 직업인가.

여성을 위한 복리후생

우리나라가 '저출산국가'라는 것은 모두 알 것이다. 아기를 낳지 않는 요인이 여러 가지가 있겠지만 여성이 사회생활을 하면서 출산을 하고 육아를 하는 게 쉽지 않은 현실이 큰 이유일 것이다.

그렇다면 사회에서 정하는 육아휴직의 기간은 과연 얼마나 될까? 대기업의 경우 1년, 보통의 중소기업의 경우에는 평균 3개월의 육아 휴직 기간을 준다. 이마저도 눈치를 보면서 쉬는 것이 현실이다. 일반적인 기업에서는 출산을 위해 3개월 육아 휴직을 하는 직원의 자리라면 충원하지 않는다. 4명이 했었던 업무라면 별도의 충원 없이 3명이 분담해서 하는 게 현실이다. 그래서 출산 휴가를 떠나는 사람은 동료에게 눈치가 보이고, 남은 동료는 가중되는 업무량에 출산 휴가를 떠나는 동료가 부담스러운 게 사실이다.

그렇다면 승무원은 어떨까? 승무원의 육아 휴가는 2년이다. 그것도 유급 휴가이며 내가 육아 휴가를 떠났다고 해서 다른 동료들의 업무가 늘어나는 구조가 아니기에 동료들의 축하를 받으며 마음 편히 육아 휴가를 누릴 수 있다. 이 얼마나 매력적인 직업인가.

예승이의 구두

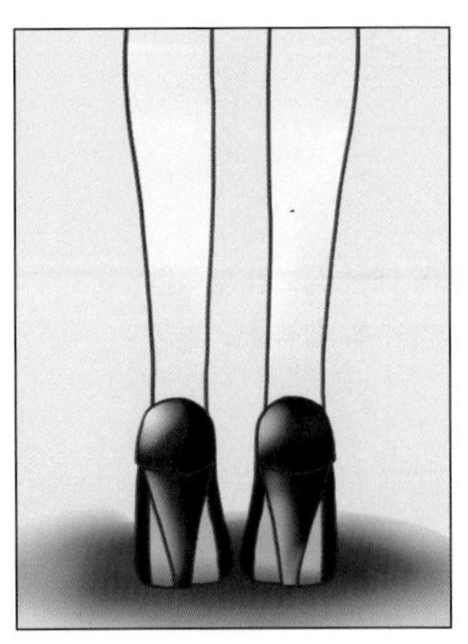

예쁘다!
부럽다~
또각
학생이 무슨 구두??
또각
또각
또각

안녕하십니까?

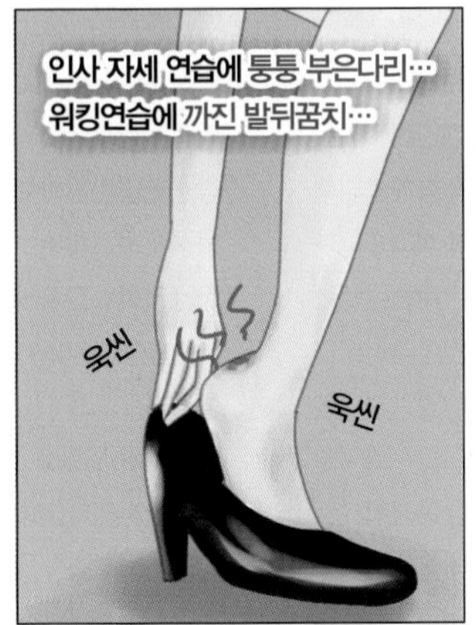
인사 자세 연습에 퉁퉁 부은다리…
워킹연습에 까진 발뒤꿈치…
욱씬
욱씬

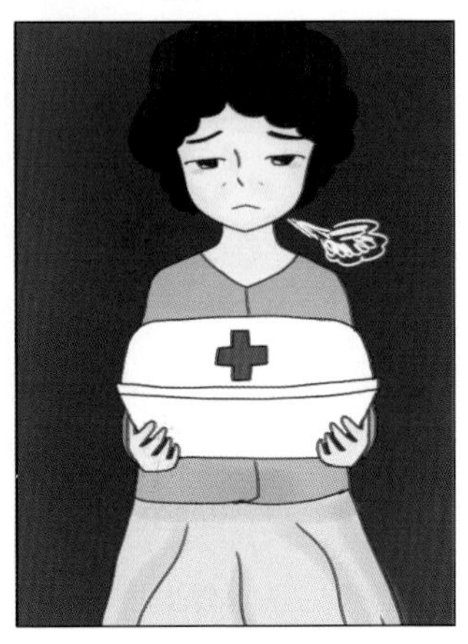

우리딸 고생이 많네…

또각또각 예뻐보이는 검정구두
하지만 너무 아픈 검정구두…

오늘도 나는
이 구두를 신고
연습을 합니다.
나의 꿈은
승무원 입니다.

전국 항공과 소재지 및 모집인원

항공과를 준비하는 예승이들과 멘토링을 하다 보면, 의외로 대학에 대한 정보가 부족한 친구들이 많다. 입시도 전략이기 때문에 대학에 대한 정보력이 뛰어날수록 합격률도 높아진다.

전국 항공관련학과 대학 현황(2021년 기준)

위치		학위	대학	학과	남학생	모집인원(명)
인천	남구	2년제	인하공업전문대학	항공운항과	o	190
				항공경영과	o	여자 : 90
						남자 : 30
	동구		재능대학	항공운항서비스과	o	90
	계양구		경인여자대학	항공관광과		100
서울	중구	2년제	정화예술대학	항공호텔관광학부	o	80
	서초구		백석예술대학	항공서비스학부	o	260
	서대문구		명지전문대학	항공서비스전공	o	39
	노원구		인덕대학	글로벌항공서비스학과	o	72
	성동구		한양여자대학	항공과		100
	서대문구	4년제	서울문화예술대학	항공서비스학과	o	100
	노원구		삼육대학	항공관광외국어학부	o	40
경기	안양시	2년제	대림대학	항공서비스과	o	110
			연성대학	항공서비스과		114
	화성시		수원과학대학	항공관광과		200
			장안대학	항공관광과		156
	이천시		한국관광대학	항공서비스과	o	125
	부천시		부천대학	항공서비스과	o	140
	남양주시		경복대학	항공서비스과	o	79
	파주시		서영대학	항공서비스과	o	63
	광주시		동원대학	항공서비스과	o	79
	용인시		용인송담대학	항공서비스과	o	90
	안성시		두원공과대학	항공서비스과	o	65
	성남시	3년제	신구대학	항공서비스과	o	70
	오산시		오산대학	항공서비스과	o	106
	수원시		동남보건대학	항공서비스과	o	42

강원도	강릉시	4년제	가톨릭관동대학교	항공운항서비스학과	o	46
충청북도	청주시	2년제	충청대학	항공관광과	o	35
	음성군		강동대학	항공관광과	o	80
	음성군	4년제	극동대학교	항공운항서비스학과	o	40
	괴산군		중원대학교	항공서비스과	o	43
	청주시		서원대학교	항공서비스학과	o	60
	청주시		청주대학교	항공서비스학과	o	50
	제천시		세명대학교	항공서비스학과	o	60
충청남도	세종	3년제	한국영상대학교	항공서비스경영과	o	50
	서산시	4년제	한서대학교	항공관광학과	o	70
	아산시		호서대학교	항공서비스학과	o	52
	천안시		백석대학교	항공서비스학과	o	80
	당진군		세한대학교	항공서비스학과	o	77
	금산군		중부대학교	항공서비스학과	o	105
	홍성군		청운대학교	항공서비스경영학과	o	60
전라북도	나주시	4년제	동신대학교	항공서비스학과	o	30
	완주군		우석대학교	항공서비스학과	o	43
	무안군		초당대학교	항공서비스학과	o	80
	군산시	4년제	호원대학교	항공서비스학과	o	59
광주	광산구	4년제	광주여자대학교	항공서비스학과		156
			호남대학교	항공서비스학과	o	35
대구	남구	2년제	영남이공대학교	관광계열	o	130
대전	서구	4년제	배재대학교	항공운항과	o	49
경상북도	경산시	4년제	대구한의대학교	항공서비스학과	o	30
경상남도	영주시	4년제	동양대학교	항공서비스학과	o	35
	양산시	4년제	영산대학교	항공관광학과	o	45
	진주시	4년제	한국국제대학교	호텔항공서비스과	o	25

▲ 소개된 대학은 전국의 모든 항공과 대학이 아닌 일부입니다. 매년 모집인원은 달라질 수 있으므로 참고만 하세요. (2021학년도 기준)

Dreams come true

반수라는 힘든 길을 선택하기까지

현아_이야기

인생은 선택의 연속이고 선택에 따른 결과는 내가 책임져야 할 나의 인생이다. 그렇기에 두 가지 기로에서 고민하고 있는 예승이들이 내게 조언을 구할 때 후회가 덜 남는 쪽을 선택하라고 늘 말해준다. 그렇다면 혹시라도 잘못된 선택을 했을 경우에는 어떻게 해야 할까? '내 인생은 망했어.'라는 부정적 생각으로 모두 포기해야할까? 조금 되돌아가더라도 포기하지 말고 새로이 시작한다면 반드시 웃는 날이 올 것이다. 조금 되돌아갔지만, 다시 목표점을 향해서 전진하고 있는 현아의 이야기를 통해 많은 예승이들이 용기를 얻었으면 좋겠다.

다시 도전해보고 싶어요

현아와 처음 연락을 하게 된 건 벚꽃구경이 한참인 4월이었다. 지나간 나의 대학시절을 떠올려 봐도 그렇고 다른 친구들을 봐도 대학교 1학년의 봄은 가장 싱그럽고 즐겁고 활기가 넘친다. 하지만 현아의 대학교 1학년 봄은 그렇지 못하였다. 지칠 대로 지치고 실망한 상태에서 질문이 있다면서 페이스북 메시지를 내게 보내왔다. 질문의 요지는 이러하다.

"선생님 제가 전문대 관광학과 1학년에 재학 중인데 다시 준비해서 항공과에 입학할 수 있을까요?"

"선택한 곳이 제가 생각한 것과 너무 달라요. 그렇다고 해서 제 꿈을 포기하기 싫은데 이대로 대학생활을 하다 보면 제 꿈을 포기하게 될까 봐 무서워요."

현아의 꿈은 승무원이었다. 초등학교 시절부터 늘 승무원을 꿈꾸었다. 하지만 객실승무원을 꿈꾸는 현아에게 너무나도 야속하게 현아의 키는

155cm였다. 초등학교 시절부터 하늘만 봐도 기분이 좋고 비행기만 봐도 설렜던 현아지만 작은 키 때문에, '내가 과연 할 수 있을까? 정말 도전해도 될까?' 늘 이런 의심과 걱정을 먼저 할 수밖에 없었다.

현아의 고3 시절

그렇게 시간이 흘러 학과를 선택하고 진학을 마무리 짓는 고3이 되었다. 현아의 고3 생활은 다른 고3 수험생들과 크게 다르지 않았다. 너무 하고 싶은 승무원, 꼭 가고 싶은 항공과 대학이지만 과연 내 키에, 내 성적에 될 수 있을까라는 의구심을 늘 품으며 교실에서 소중한 6개월의 시간을 보냈다.

"그래도 내신관리하면서 면접 준비 좀 해보지 그랬어?"하고 물어보는 나의 질문에, "학교선생님들께서도 면접 준비는 여름방학부터 시작해도 충분하다 하셨고, 작은 키 때문에 올인을 할 용기가 안 났어요."라고 대답했다.

3학년 1학기 내신마저 모두 종료되고 고3 여름방학이 되었다. 고3 여름방학부터는 학원도 다니면서 본격적인 면접 준비를 해 볼 계획이었지만 막상 여름방학이 되니까 선뜻 학원에 갈 수가 없었다. 면접이 2~3개월밖에 남지 않은 상황에서 갑자기 다른 친구들은 고1 또는 고2부터 다닌 학원을 똑같은 돈 내고 가려니 아깝고 부모님께도 죄송했다. 고3 여름방학부터 학원 다니면서 준비하겠다고 다짐했던 친구들이 제대로 준비를 못하는 가장 큰 이유의 대부분이 바로 이것이다. 그렇게 비슷한 이유로 학원을 안 다니고 있는 친구들 몇 명이 모여서 스터디를 시작했다. 아무것도 모르는 친구들끼리 모여서 하는 스터디는 막막하고 실력 향상에 큰 도움이 되지 못하는 경우가 대부분이다. 현아의 스터디도 비슷했다. 몇 번 모여서 서로의 이야기를 하다 보니 신세한탄으로 빠졌고 큰 발전 없이 스터디는 흐지부지 없어지고 9월 원서 접수 기간이 다가왔다. 안 그래도 작은 키에 대한 콤플렉스까지 있었는데 면접 준비도 제대로 못했으니 자신감은 바닥으로 떨어졌고, 결국 항공과는 지원도 못해보고 관광계열 쪽으로 원서를 썼고 그렇게 경기도 소재의 관광학과에 진학을 하게 되었다.

스무 살, 다시 고3 수험생이 되다

어찌 보면 아까운 시간 1년을 허비하고 날 찾아 온 현아.

"155cm의 작은 키지만 열심히 하면 충분히 항공과는 진학할 수 있어. 그런데 정말 열심히 할 자신이 있어? 항공과를 가려면 반수를 해야 하는데 후회하지 않겠어?"

혼자 선뜻 결정내리기 어렵다며 부모님과 상의할 시간을 달라고 말하던 현아가 2주 후에 다시 연락을 해왔다.

"부모님께서도 해보지도 않고 후회하지 말고 해보라고 하시면서 절 믿어주셨어요. 쌤, 저 꼭 하고 싶어요! 그럼 이제 제가 어떻게 하면 될까요?"

그렇게 4월말부터 현아는 다시 고3 수험생이 되었다. 대학 가서 찐 5kg 정도의 살을 빼기 위해 다이어트도 시작하고 1살 어린 동생들과 고3 집중반까지 열심히 수업을 들으면서 1년 전에 못했던 면접 준비를 원없이 한 것이다. 스물한 살의 현아는 그토록 원하던 항공과에 새내기로 열심히 학교를 다니고 있다. 1년이란 시간이 길다면 긴 시간이다. 하지만 요즘처럼 100세 인생에서 시행착오 1년 정도는 누구에게나 있을 수 있고 그리 긴 시간도 아니라고 생각한다. '시행착오 1년'이라 표현했지만 현아에게 있어 스무 살은 그 어느 해보다 많은 걸 배우고 느낀 한 해일 거라고 생각한다.

연희쌤의 한마디

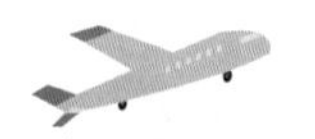

현아와 비슷한 상황을 겪고 있는 고3이라면 우선 축하한다. '시행착오 1년' 없이 1차 목표에 안착할 확률이 매우 높다. 이제 선택은 본인 몫이다. 매우 많은 학생들이 이런저런 질문을 할 때 대답은 늘 같다. "인생은 선택의 연속이고 후회가 덜 남을 쪽을 선택해." 키 155cm, 내신 4등급, 반수생, 이보다 더 힘든 상황일 수도 있지만, 대부분은 현아보다 더 쉬운 상황일 것이다. 선뜻 시도하기 힘든 상황이었지만 마음속 깊은 곳에서 외치는 '해보자'라는 도전정신을 가지고 멋지게 해낸 현아에게 진심으로 박수를 보내고 싶다. 내가 스무 살의 현아였다면 아마 난 도전하지 못했을지도 모른다. 지금 여러분은 어떤가? 조금만 더 용기를 내면 그 누구라도 현아가 될 수 있다.

절망 속에서도 찾아내는 희망,

힘듦 속에서도 느끼는 감사,

슬픔 속에서도 만드는 기쁨이라면,

견고한 꿈이 될 것이다.

스펙이 아닌 나를 보여주자

혜윤이_이야기

그토록 간절하게 원하던 1지망 대학에 합격을 한다면 어떤 기분일까? 아마도 세상을 다 가진 기분 아닐까? 합격을 확인하는 순간 "꺅"하고 소리를 지르거나 아니면 울지 않을까? 물론 두 가지를 모두 할 수도 있을 것이다. 아마도 그만큼 간절하고 또 간절했기 때문일 것이다.

1지망 대학에 합격하다

혜윤이를 처음 만난 건 혜윤이의 고3 여름방학이었다. 큰 눈망울에 명랑한 목소리, 쾌활한 혜윤이를 처음 본 순간 긍정의 에너지가 느껴져서 기분이 좋아졌다. 어머니와 함께 상담을 온 혜윤이는 밝은 성격이었지만 얼마 남지 않은 수시 면접에 걱정이 많았다. 10월의 면접을 앞둔 고3 수험생에게 아무런 걱정이 없다는 게 말이 안 되는 상황일 것이다. 이모님이 아시아나 지상직 직원으로 근무를 하셨기에 혜윤이는 어릴 때부터 공항으로 자주 놀러가게 되었고, 이런 이모님의 일하는 모습을 보고 자라왔기 때문에 항공사 지상직 직원이라는 직업이 친근하였다. 그리고 고2 초반에 지상직 직원에 대한 꿈을 확실시했다. 지상직 직원을 꿈꾸게 된 혜윤이의 1지망 대학은 I대였고 고2부터 어머니의 도움을 받으면서 조금씩 면접 준비를 시작했다.

혼자하기 어려운 준비

고3 여름방학, 매우 늦게 면접 준비를 시작하는 친구들에게 꼭 묻는 질문이 있다.

"왜 이렇게 늦게 시작하는 거야?" 이런 질문을 했을 때, 다양한 답변이 나온다. 가장 많은 답변 중 하나가 바로,

"혼자 할 수 있을 줄 알았는데 마음대로 잘 안되고, 수시가 다가올수록 불안해져요."

'내가 지금 잘하고 있는 걸까? 이 방법이 맞을까? 친구들은 모두 학원을 다니면서 전문선생님에게 도움을 받는데 나 혼자 해도 될까?' 이런 생각을 하는 것이 어쩌면 당연할지도 모르겠다. 혜윤이도 여름방학이 시작되자 이런 불안한 마음이 들었고 결국 어머니와 상의한 뒤 학원의 도움을 받기로 결정하고 나를 찾아왔던 것이다.

혜윤이의 키는 158cm, 전과목 내신등급은 5.8등급이었다. 이 두 가지만 보았을 때 혜윤이의 스펙이 절대로 좋다고는 말할 수 없다. 하지만 항공과 면접이 스펙만 평가하는 자리는 아니다. 스펙만 평가한다면 면접이 필요 없을지도 모르겠다. 내신등급과 생활기록부, 키, 몸무게, 자기소개 등이 적혀있는 서류만으로도 충분히 평가가 가능할 거다. 그런데 왜 굳이 항공과 대학들은 수천 명 학생들을 직접 만나고 직접 이야기하면서 면접이라는 방식으로 평가를 하는 걸까?

바로 사람을 알고 싶기 때문이다. 물론 평균 면접시간인 15분 동안 그 사람의 내면까지 모든 것을 알 수는 없다. 하지만 서류가 아닌 직접 만나는 면접을 통해 긍정적인 사고를 갖고 있는지, 승무원이라는 직업에 열정을 가지고 있는지, 모두가 호감을 느끼는 편안한 미소를 가지고 있는지, 포기하지 않고 학과 공부를 마치고 승무원이라는 꿈을 키워나갈 의지가 있는 사람인지를 보고 싶은 것이다. 스펙이 부족하다고 생각하는 예승이들에게 꼭 해주고 싶은 이야기가 있다.

"면접은 스펙을 보여주는 것이 아니라 나를 보여주는 자리이다."

제 키에 제 내신 성적에 지금 이렇게 준비도 늦었는데 과연 가능할까요? 본인을 의심하고 걱정하는 혜윤이에게 또한 이 말을 해주면서 용기를 내라고 다독였다.

면접에서 제일 중요한 건 자신감

그렇게 면접 준비로 뜨거운 여름을 보내고 10월, 수시 면접이 다가왔다. 처음 면접을 보러 응시하는 대학에 갔을 때는 내신 성적보다는 눈에 보이는 지원자들의 큰 키에 기가 눌렸지만, 막상 면접장에 들어가니 말을 더듬거나 준비가 제대로 되지 않은 친구들을 보면서 "그래 내가 준비한 걸 다 보여주자." 라는 오기와 자신감이 생겼다고 한다. 미소가 밝은 혜윤이는 분명 면접관님 눈에도 호감이었을 것이고 결국 고2부터 간절히 꿈꾸던 I대학에 합격하였다.

연희쌤의 한마디

항공과 입시준비에서 가장 큰 적은 누구일까? 나보다 키가 10cm는 더 큰 예승이? 얼굴이 너무 예쁜 예승이? 내신 성적도 좋으면서 말도 잘하는 예승이? 영어로 자기소개를 하며 높은 토익점수까지 있는 예승이? 모두 아니다. 나의 가장 큰 적은 바로 '내가 과연 할 수 있을까?'라는 생각을 가지고, 나를 자꾸 의심하는 나 자신이다. 내가 나를 못 믿고 흔들리는데 과연 누가 나를 믿어줄 수 있을까? 나를 믿고, 나를 사랑하고, 나를 발전시켜 나간다면, 여러분도 분명 1지망 대학 합격이라는 달콤한 사탕을 맛볼 수 있을 것이다.

누구나 아름다움을 지니고 있다.

하지만 자신의 아름다움을

볼 줄 아는 이는 흔하지 않다.

승무원이 되기 위한 조건

승무원이라는 직업을 꿈꾸지만 지금부터 무엇을 준비해야 하는지 어떤 조건을 갖추어야 하는지 잘 모르기에 막막해하는 친구들이 많다. 승무원은 1등급 내신 성적이라고 또는 뛰어난 외모만 지니고 있다고 될 수 있는 직업이 아니다. 누구나 도전할 수 있지만 아무나 될 수는 없는 승무원이 되기 위한 조건을 알아보고 지금부터 조금씩 나를 가꾸어 나가보자.

예쁜 미소(Always Smile)

학교 특강이나 직업 체험을 통해서 승무원에 관심이 있는 친구들을 만나게 되는 기회가 종종 있다. "승무원하면 떠오르는 이미지가 무엇일까요?"라고 물어보면 여러 가지 대답이 나오지만 한결같이 나오는 대답이 있다. 바로 '미소'이다. 승무원에게 있어서 미소는 정말 '실과 바늘' 같이 꼭 필요한 자질 중의 하나이다. 많은 친구들이 승무원은 예뻐야 한다는 생각을 하지만 승무원은 '예쁜 사람'이 아니라 '미소가 예쁜 사람'이어야 한다는 것이다. 입버릇처럼 하는 말이 있다. "김태희가 와도 안 웃으면 불합격이야." 그렇다면 예쁜 미소는 어떻게 만들 수 있을까? 바로 '긍정적 마음'에서 시작된다. 밝고 긍정적인 마음을 갖고 있는 친구들은 항상 얼굴에 미소가 가득하고 무표정일 때도 입꼬리가 올라가 있기 때문에 호감형 인상이다. 반면 부정적이고 그늘이 있는 친구들은 면접 연습을 할 때 미소를 지어도 환한 '뒤센 미소(뒤센(Duchenne)이라는 심리학자의 이름을 따서 만들었으며 '눈과 입이 웃는 진실한 미소'를 뜻한다.)'라는 느낌이 들지 않는다. 예승이라면 오늘부터 얼굴이 아닌 인상을 바꾸자. 모든 일을 긍정으로 바라보려 노력하고 늘 입꼬리를 올리고 미소 짓는 연습을 하자. 몇 개월 후 분명 "너 어딘지 모르게 예뻐졌어."라는 말을 분명 들을 것이다.

암리치(Arm Reach) 212cm 이상

항공사마다 채용 조건은 조금씩 다르다. 국내 항공사와 주요 국외 항공사의 채용조건은 이 책에 소개되어 있으니 참고하면 좋겠다. 항공사마다 다소 차이는 있지만 승무원의 자격조건에는 암리치 몇 cm 이상이라는 조건이 있다. 이 조건을 거는 것이 과연 항공사가 신장이 큰 미스코리아 같은 승무원을 원해서 일까? 이제는 대한항공도 162cm 이상이라는 신장조건이 없어졌지만 대부분의 항공사가 암리치 몇 cm 이상이라는 조건이 있는 것은 '미적인 필요조건'이 아닌 '안전적인 필요조건' 때문이다. 비행기를 타보면 비행기의 짐칸은 위에 있는데 이를 오버헤드빈(Overhead Bin)이라고 한다. 비행 중에 가끔 오버헤드빈이 열리는 경우가 있고, 여기에 있는 짐이 쏟아질 경우 작거나 큰 사고가 일어날 수 있다. 비행 중인 기내에서는 아무리 작은 사고라고 하더라도 이를 무시하면 더 큰 사고로 일어날 수 있기 때문에 항상 주의해야 한다. 때문에 승무원들은 항시 오버헤드빈이 잘 닫혀 있는지를 확인해야 하는데, 신장이 너무 작다면 직무를 제대로 수행할 수 없다. 때문에 대부분의 항공사는 까치발을 들고 손을 머리 위로 쭉 뻗을 때의 신장인 암리치를 측정하게 되는 것이다.

유니폼이 어울리는 어피어런스(Appearance)

승무원에게 있어서 겉모습(Appearance)은 매우 중요하다. 유니폼을 입는 순간부터는 개인이 아닌 회사를 대표하는 사람이 되기 때문이다. 승무원을 '민간 외교관'이라고 말하는 것을 들어보았을 것이다. 외국을 누구보다 자주 나가고 누구보다 많은 외국인을 만나는 사람들이 바로 승무원이기 때문에 승무원의 이미지는 매우 중요할 수밖에 없다.

어떤 여자가 길을 걸어가는데 걸음걸이가 이상하거나 길가에 침을 뱉거나 그런다면 아마 대부분의 사람들은 대수롭지 않게 생각하고 지나치거나 별로 매력적이지 못한 여자라고 생각할 것이다. 그런데 그 여자가 항공사를 대표하는 유니폼을 입은 승무원이었다고 하면 이야기는 달라진다. '저 여자 이상해.'가 아니라 '저 항공사 왜 저래.'라고 생각하는 것이 일반적이다. 때문에 승무원은 유니폼에 어울리는 걸음걸이, 어깨 밸런스, 무릎이 붙는 다리, 적당한 체형, 단정한 헤어스타일, 깔끔한 손톱, 화사하고 자연스러운 메이크업 등 여러 가지 외적인 부분을 갖추고 있어야 한다.

외국인과의 소통

사실 이 부분을 많은 예승이들이 걱정한다. 우리나라 사람들 대부분이 '영어울렁증'을 갖고 있다고 한다. 나 또한 '영어울렁증' 있으며, 승무원에 대해 제대로 알기 전에는 승무원이라면 외국인과 모든 대화가 자유자재로 가능한 네이티브 스피커 수준의 영어실력을 갖고 있다고 생각했다. 그런데 반드시 그런 것은 아니다. 잠시 눈을 감고 비행기를 탔을 때를 떠올려 보면, 승무원이 승객들과 많은 대화를 할까? 사실 승무원이 기내에서 승객과 나누는 대화는 어느 정도 정해져 있다. 때문에 국내 항공사가 요구하는 토익점수 또한 다른 대기업에 비교하면 충분히 도전 가능한 점수대이다. 다만 영어와 친해질 필요는 확실히 있다. 국제선 승무원이라면 기내에서 외국인 승객과 소통을 해야 하기 때문에 토익점수도 어느 정도 되어야 하고, 공채 면접 시에는 영어 인터뷰가 진행된다. 때문에 항공과 면접 시에도 영어 지문을 읽는다든지 공인된 어학점수 또는 토익점수를 묻는 경우가 종종 있다. 그러므로 토익을 미리부터 준비하면 대학을 가서도 여유가 있다. 시작이 반이라는 말이 있다. 비록 점수가 낮더라도 영어 공부를 시작한 예승이라면 이미 출발선보다 나아가 있는 것이다.

Dreams come true

Know How

예쁜 미소를 만드는 방법 – 승무원 미소 짓기

❶ 입술을 "우~"한 상태로 3초간 유지한다.

❷ 양쪽 입술을 새끼손가락으로 모아 준다.

❸ 이를 다물고 입꼬리를 5초간 최대한 올린다.

❹ 5번씩, 왼쪽만 올렸다가 오른쪽만 올렸다가를 반복해 준다.

❺ 이를 다문 상태에서 입 양 끝에 새끼손가락을 입에 넣고 위쪽으로 3초간 2번씩 당겨 준다.

❻ 입술을 붙이고 입꼬리를 위로 있는 힘껏 5초간 올린다.

❼ 입꼬리에 힘을 준 다음 위로 당겨 "위스키~"를 발음하며 웃음을 유지한다.

4년제 항공과 면접반영 비율 및 최근 수시 경쟁률

항공과가 모든 대학에 있는 것은 아니다. 4년제 항공과 대학은 대부분 충청도권에 위치하고 있지만, 의무 기숙, 영어 사관학교 등 철저한 학생관리와 커리큘럼으로 인기와 관심이 점점 높아지고 있다.

대학 학과 및 전형		비중(%)		모집인원 (명)	지원인원 (명)	경쟁률
		면접	학생부			
한서대학교 항공관광학과	인재	40	60	30	1,745	58.17:1
	교과			23	1,198	52.09:1
	사배자			7	350	50.00:1
	지역인재			10	289	28.90:1
	농어촌			6	191	31.83:1
	기회균형			4	96	24.00:1
	특성화			4	112	28.00:1
백석대학교 항공서비스학과		40	60	72	1,594	22.14:1
중부대학교 항공서비스학과		30	70	80	1,251	15.64:1
극동대학교 항공운항서비스학과		40	60	40	1,134	28.35:1
청운대학교 항공서비스경영학과		44	56	56	895	16.0:1
호서대학교 항공서비스학과		40	60	47	801	17.04:1
광주여자대학교 항공서비스학과		39	61	156	706	4.53:1
호원대학교 항공관광학과		30	70	59	473	8.00:1
서원대학교 항공서비스학과		40	60	59	380	6.44:1
세명대학교 항공서비스학과		40	60	48	346	7.21:1

배재대학교 항공운항과		40	60	49	337	6.88:1
초당대학교 항공서비스학과		49	51	80	294	3.68:1
청주대학교 항공서비스학과		40	60	50	287	5.74:1
세한대학교 항공서비스학과	인재	40	60	43	275	6.4:1
	–			34	231	6.8:1
중원대학교 항공서비스학과		50	50	39	235	6.03:1
삼육대학교 항공관광외국어학부		40	60	11	143	13.00:1
호남대학교 항공서비스학과		40	60	35	136	3.9:1
영산대학교 항공관광학과		20	80	32	133	4.16:1
가톨릭관동대학교 항공운항서비스학과		30	70	42	93	2.21:1
동신대학교 항공서비스학과		30	70	24	78	3.25:1
우석대학교 항공서비스학과		40	60	43	72	1.67:1
대구한의대학교 항공서비스학과		30	70	18	70	3.89:1
동양대학교 항공서비스학과		40	60	35	60	1.71:1
김천대학교 항공호텔전공		30	70	15	19	1.27:1

▲ 소개된 대학은 전국의 모든 항공과 대학이 아닌 일부입니다. 매년 면접비중과 경쟁률은 달라질 수 있으므로 참고만 하세요. (*2021학년도 기준)

4년제 항공과를 진학하기 위해 내신은 몇 등급이 좋을까요?

4년제 항공과의 평균 면접 반영비율은 50% 정도이다. 2년제보다 내신 성적이 더 많이 반영되므로, 잘 관리해야 한다. 가장 선호하는 4년제, 한서대학교는 2020학년도 입시 기준 일반전형 평균 내신이 3.9등급이었다. 다른 4년제도 평균 3중반~4초반이며, 극동대학교는 최저 내신이 4.3등급, 백석대학교는 5.85등급이었다. 4년제 항공과를 희망한다면, 4등급대는 유지를 하는 게 좋다.

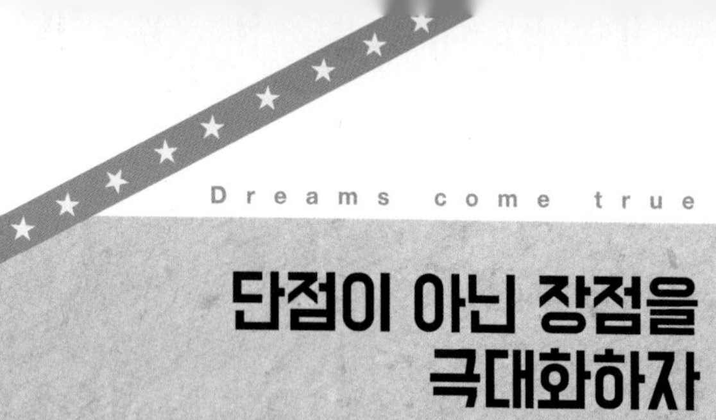

단점이 아닌 장점을 극대화하자

예린이_이야기

입이 큰 두 예승이가 있다. 한 예승이는 '나는 입이 커서 조금만 웃어도 미소가 시원해서 예뻐 보여.'라고 생각하고, 다른 예승이는 '내 입은 왜 이렇게 커서 웃으면 조커 같고 안 예쁠까?'라고 생각한다. 이렇게 같은 상황임에도 불구하고 긍정적으로 생각하고 장점을 보려는 사람이 있는가 하면, 부정적인 생각으로 모든 것을 나쁘게 보는 사람도 있다. 여러분은 어떤 사람인가? 여러분은 어떤 사람이 되고 싶은가? 지금까지의 내가 어떤 사람이었는지는 그리 중요하지 않다. 앞으로의 내가 중요할 뿐이다.

고3 수험생의 초조함

예린이를 처음 만난 건 고3 초 특강에서이다. 예린이 역시 고3인 만큼 면접에 대한 걱정이 컸다. 승무원의 꿈을 꾼 건 중학생 때부터이며 고1부터 항공과를 목표로 정했지만, 막상 고3이 될 때까지 아무것도 한 것이 없다며 자책하고 있었다. 아직은 고3 초이기 때문에 10월 수시 면접까지는 충분한 시간이 있고 할 수 있다는 용기를 주었다. 예린이가 나의 멘티가 된 것은 4월이 되어서였다. 고3에게는 한주가 금쪽같이 소중한 시간인데 예린이는 왜 이렇게 늦게 왔을까? 바로 어머니의 반대 때문이었다. 어머니는 예린이가 승무원이 되는 것을 반대하신 것은 아니었는데 부족함 없어 보이는 딸이 왜 굳이 학원의 도움을 받아야하는지 이해를 못하셨던 것이다. 이런 어머니를 겨우 설득하여 4월부터 본격적 면접 준비를 시작하였다. 어머니 눈에 완벽해 보이는 예린이는 과연 어떤 친구일까? 예린이는 많은 예승이들이 부러워 할 장점을 많이 갖고 있는 친구였다. 170cm 키에 하얀 피부, 예쁜 얼굴 그리고 몇 년 동안 영국 유학을 다녀와서 영어회화도 능통하였다. 그런 예린이에게 부족한 한 가지는 바로 다이어트가 필요한 조금 통통한 체형이었다.

생각을 바꾸면 세상이 바뀐다

처음 상담을 했을 때 예린이는 많은 장점을 가졌음에도 불구하고 자신의 단점인 통통한 체형 때문에 장점을 보지 못하는 친구였다. 몇 달 동안 어머니를 설득하는 힘든 과정을 겪으면서 항공과 합격에 대한 절실함이 더 커졌고, 합격을 위해서는 본인의 장점을 제대로 알고 극대화시켜야 한다는 나의 조언을 받아들였다. 예린이는 하루하루 달라지기 시작했다. 평소 차분하게 말을 잘하는 편이지만 말투가 다소 직선적이고 차가운 인상이었는데, 미소 연습을 통해서 점점 인상이 부드러워 졌으며 다이어트도 열심히 하였다. 또한 본인의 장점인 영어와 스페인어 자기소개를 준비하면서 면접에 대한 자신감을 점점 키워나갔다.

여름이 지나 초가을이 되었을 때 예린이는 15kg 정도 감량하여 날씬해졌으며 답변 준비, 미소, 자세, 워킹 등 모든 면에서 수시 전쟁에서 충분히 승리할 자질을 갖추게 되었다. 그렇게 예린이의 면접은 시작되었다. 2년제보다 4년제를 더 선호했던 예린이는 2년제 대학 몇 개와 4년제 대학의 항공과를 지원하였다. 2년제 대학이 10월 초에 면접이 진행되다 보니 2년제 대학의 면접장에서 연습 아닌 연습을 통해 자신을 한 단계 더 업그레이드하는 시간을 가진 거 같다고 했다. 본인의 장점을 강점으로 만들고 단점을 극복하기 위해 최선을 다한 예린이는 4년제 H대를 제외한 모든 대학에 합격하였고, B대학에 입학했다.

연희쌤의 한마디

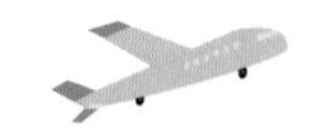

예린이가 만약 '다른 친구들에 비해 왜 이리 통통할까? 통통한 나는 항공과를 지원할 수 없을 거야.'라는 비관적 생각으로 봄, 여름, 가을을 보냈다면 과연 모두가 부러워하는 겨울을 맞이할 수 있었을까? 단점은 누구나 있다. 그런데 장점도 누구나 갖고 있다. 이 글을 읽고 있는 여러분은 장점을 볼 줄 아는 예승이길 바란다. 단점에 꽂혀 아무것도 보지도, 하지도 못하는 안타까운 예승이가 되지 말았으면 좋겠다. 부정보다 무서운 생각은 없다. 반대로 긍정보다 기적을 만드는 묘약도 없다. 긍정은 반드시 여러분을 바꾸고, 여러분이 그토록 원하는 승무원이라는 꿈을 이룰 수 있게 만들어 주는 묘약이 될 것이다.

'긍정'은 불가능할 것만 같았던 일을

가능하게 만드는 묘약이다.

Dreams come true

미친 듯이 다이어트

설아_이야기

'밤에는 절대 결코 먹지 않을 거래요.' '샐러드 한 접시를 깨작대다 그만 먹을 거래요.' 어디서 들어본 듯한 이야기일 것이다. 꼭 승무원을 꿈꾸는 예비승무원뿐만 아니라 모든 여자들에게 다이어트는 평생 숙제이다. 그래서 '내 이야기네'라고 공감했을 이가 많을 것이다. 더욱이 유니폼을 입는 직업이기에 승무원들은 비행을 그만두는 그 날까지 자기관리가 일반인보다는 더 필요하다.

항공과는 정시가 아닌 수시

많은 예승이들과 소통하면서 정보가 부족하고 때로는 자신감이 부족하여 안타까운 생각을 하는 예승이들을 보면서 마음이 아팠던 적이 많다. 설아도 그런 안타까운 학생 중의 한 명이었다. 특성화고를 다니고 있는 설아에게 페이스북 메시지로 질문을 받은 건 고3 여름이었다. 항공과를 진학하고 싶지만, 내신이 높은 것도 아니고 면접 준비를 제대로 시작한 것도 아니고 통통한 체격 때문에 자신감마저 없었던 설아의 질문은 이랬다.

"쌤! 제가 수시가 아닌 정시로 항공과를 가려 하는데 면접 준비는 어떻게 하면 좋을까요?"

"왜 수시가 아닌 정시를 생각해? 항공과는 무조건 수시야."

라고 대답해주면서, 설아의 부족한 정보력이 안타까웠다. 지금 생각해보면 설아는 정시까지 면접을 미루고, 조금이라도 더 시간적 여유를 가지고 싶었던 것 같다.

몇몇 4년제 대학은 정시 모집자체가 없기도 하고, 항공과 대학의 대부분이 정원의 80~90%의 인원을 수시에서 모집하므로 무조건 수시 면접은 보아야 한다고 설득하려고 어머니와 함께 온 설아를 직접 만났다. 설아를 직접 만나 보니 왜 그토록 설아가 자신감이 없었는지 조금은 알 거 같았다. 설아는 항공과를 준비하는 다른 친구들에 비해 다소 많이 통통한 편이었다. 수시 면접까지 남은 시작은 고작 몇 개월, '자신감이 바닥이기에 어둡기까지 한 이 친구를 과연 변화 시킬 수 있을까? 과연 가능할까?'라는 의심을 나도 품었다. 이때 나와 설아를 잡아준 건 다름 아닌 설아 어머니셨다. 밤 11시까지 수능학원을 다니기 때문에 야식을 먹으면서 부쩍 더 살이 찐 거라면서, 항공과 면접 준비에 올인을 할 거니까 다이어트를 꼭 시키겠다며 나와 설아의 흔들림을 잡아주셨다. 어머니는 모의고사 점수가 높지도 않은데 진학에 대한 열정 때문에 늦은 밤까지 수능공부를 하면서 외로운 싸움을 하고 있는 설아가 안타까웠다고 하셨다. 항공과의 면접비중과 수시모집 인원을 말씀드린 후 어머니는 수시 준비로 확정을 짓고, 설아에게 한방 다이어트 프로그램도 같이 진행해보자고 하셨다.

매주 달라지는 설아

나는 설아 덕분에 매우 놀라운 경험을 하였다. 설아는 주말반 수업을 들었는데, 학원에 처음 상담 온 날 이후 매주 정말 다른 사람이 되어서 수업에 왔다. 일주일마다 몰라보게 살이 빠지는 설아 덕분에 다른 친구들마저도 다이어트의 자극을 받았다. 살이 빠지니까 자신감이 생겼고, 자신감이 생기니까 표정이 달라지기 시작하였다. 그렇게 차근차근 면접 준비를 쌓아가고 있던 설아에게 다시 슬럼프가 찾아왔다. 아직 감량 목표는 많이 남았는데 10kg 정도 살이 빠지고 나니까, 더 이상 살이 빠지지 않는 정체기에 돌입한 것이다.

"다이어트는 계단식이라고 하잖아. 지금이 더딘 정체기라면 또 확 빠지는 시기가 곧 올 테니까 너무 걱정 하지 마."

나의 위로가 잘 들리지 않았을 수도 있지만 다행히 설아는 마인드 컨트롤을 잘하는 현명한 예승이었다. 그렇게 힘들고 긴 여름을 보내고 면접의 계절, 가을이 찾아왔다.

노력은 절대 배신하지 않아

설아는 그 누구보다도 열심히 전국 방방곡곡의 학교들을 다니면서 면접에 최선을 다했다. 노력은 절대 배신하지 않는다는 말처럼 설아의 노력은 '합격'이라는 두 글자로 보상받았다. 예상보다 꽤 많은 학교에 합격한 설아는 최종적으로 경기도 소재의 2년제 J대와 호남 소재의 4년제 H대를 고민하다 영어 공부를 위해 4년제 H대를 선택하였다.

"쌤! 특성화고 6등급에 뚱뚱했던 제가 항공과, 그것도 4년제 항공과를 갈 지 누가 알았겠어요. 저를 이끌어 주셔서 감사합니다."

합격 후 맛있는 커피를 사 들고 와서 예쁘게 감사인사를 하는 설아를 보면서 어찌나 행복하던지, '이런 맛에 멘토를 하는구나'라는 생각이 들며 다시 한번 뿌듯해졌다.

연희쌤의 한마디

'다이어트'는 여자들이 가장 싫어하는 단어 중의 하나가 아닐까? 싫어하지만 절대 버릴 수는 없는 영원한 숙제와도 같은 단어. 특히 예승이들에게는 더 그러하다. 하루에 사과 1개, 고구마 2개, 달걀 2개로 버티면서 한의원의 다이어트 침을 수백 대씩 맞고, 한 시간씩 운동하기…. 이 모든 것을 항공과 입학이라는 목표 하나를 위해 모두 견디어 냈다. 꿈과 목표는 사람을 단단하게 만든다. 아직 영원한 숙제를 못 풀었다면, 내일이 아닌 오늘부터 시작하자. 오늘부터 시작한다면, 다이어트도 항공과 입학도 설아처럼 성공할 수 있다.

내 방 거울 앞에 붙여진 유니폼 사진.

꿈을 포기하지 않고 계속 걸어간다면

그 옷을 직접 입는 날이 반드시 온다.

국내 FSC 항공사 종류 및 채용 조건

FSC(Full Service Carrier)란 수하물, 기내식, 기타 서비스 등을 제공하는 대형 항공사를 의미하며, 국내에는 대한항공과 아시아나항공이 있다. 국내 FSC 항공사의 채용 조건은 매년 달라질 수 있으므로 참고만 하면 좋겠다.

대한항공 최근 채용공고 ··············· KOREAN AIR

■ 지원자격

- 해외여행에 결격사유가 없고 병역필 또는 면제자
- 교정시력 1.0 이상인 자
- 기 졸업자 또는 2016년 8월 졸업예정자
- 토익 550점 또는 토익스피킹 레벨 6 또는 오픽 IM 이상 취득한 자

■ 제출서류

- 어학성적표 원본 1부
- 최종학교 성적 증명서 1부
- 졸업(예정)또는 재학 증명서(석사 이상 학위 소지자는 대학 이상 전 학력 졸업 및 성적 증명서 제출)
- 기타 자격증 사본

■ 전형절차

서류전형 > 1차 면접 > 2차 면접 영어구술 테스트 > 3차 면접 > 건강진단 체력/수영 테스트 > 최종 합격

아시아나항공 최근 채용공고 ············· 아시아나항공

■ 지원자격

- 전문학사 이상 학력 소지자
- 국내 정기 토익 성적(지원마감일 기준 2년 이내)을 소지하신 분(필수)
  ※ 어학성적 우수자 전형 시 우대
- 기내 안전 및 서비스 업무에 적합한 신체조건을 갖춘 분
- 교정시력 1.0 이상 권장(라식 및 라섹 수술의 경우 3개월 이상 경과 권장)
- 남자의 경우 병역을 필하였거나 면제된 분
- 영어구술 성적표(토익스피킹, GTS 구술시험, 오픽)는 소지자에 한하여 기재하며 성적 우수자는 전형시 우대함
  ※ 외국어 성적의 경우 지원마감일 기준 2년 이내 국내 정기시험 성적만 인정

■ 제출서류

- 어학성적표 원본
- 최종학교 졸업(예정)증명서
  (편입한 경우 편입 전 학교 증명서 포함)
- 졸업예정증명서 발급 불가시는 재학증명서 대체 가능
- 성적증명서(4.5만점으로 환산, 편입한 경우 편입전 학교 증명서 포함)
- 자격증 사본
- 경력증명서
- 취업보호 대상 증명원(해당자)
- 기타 입사지원서에 기재한 내용을 증빙 할 수 있는 서류
  ※ 상기 서류순서대로 합철, 1차 실무자 면접 합격자에 한하여 2차 임원면접시 제출함

■ 참고사항

- 1차 실무자 면접은 지원자가 선택한 응시지역 또는 당사가 지정한 지역에서 실시함 (서울/부산/광주)
- 2차 임원면접시 영어 구술테스트를 실시하며, 토익 스피킹 레벨 5 이상, 오픽 IL등급 이상 성적 제출자는 영어 구술테스트 면제(선택사항)
- 2차 임원면접 합격자에 한하여 체력측정 / 건강검진 / 인성검사 실시

■ 체력측정 항목

배근력 / 악력 / 윗몸 일으키기 / 유연성 / 수영 (자유형 25m 완영)

■ 전형절차

온라인 입사지원
↓
서류전형
↓
1차 실무자 면접
↓
2차 임원면접 / 영어구술
↓
건강검진 체력측정 인성검사
↓
최종(종합) 합격자 발표
↓
입사

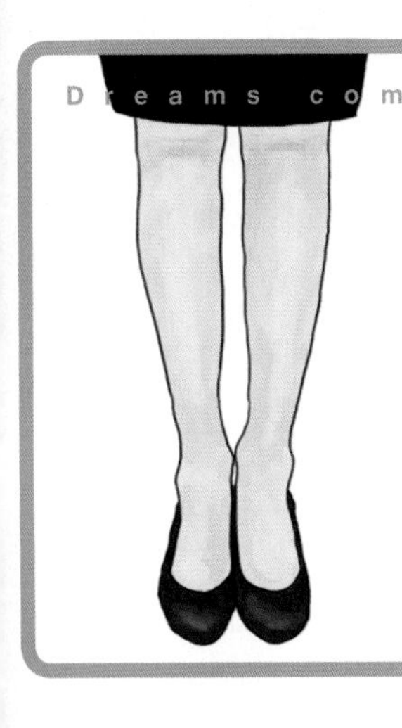

예쁜 다리 만드는 방법
– 오다리 교정하기(1)

❶ 수건을 준비한 다음 양쪽 무릎 사이에 수건을 끼운다.

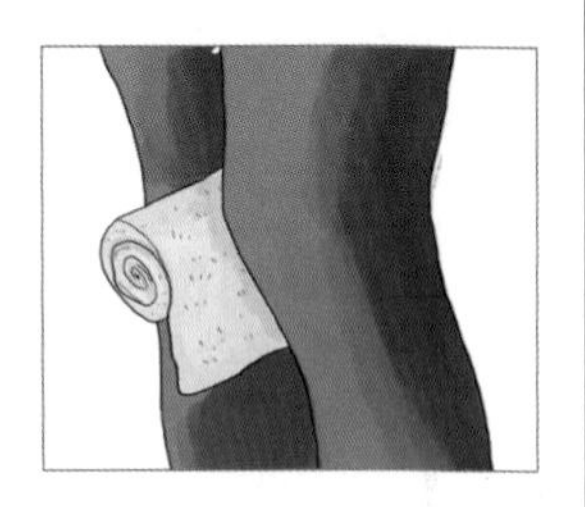

❷ 무릎 사이에 끼워 준 수건이 떨어지지 않도록 양쪽 무릎에 힘을 준다.

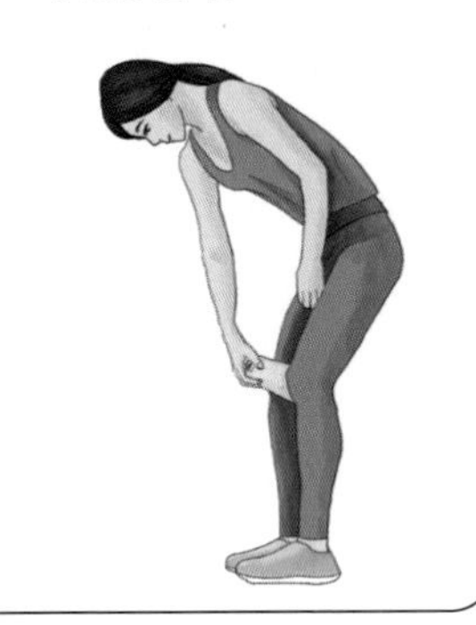

❸ 양쪽 무릎을 곧게 펴고 양손은 앞으로 가지런히 모아서 올려 준다.

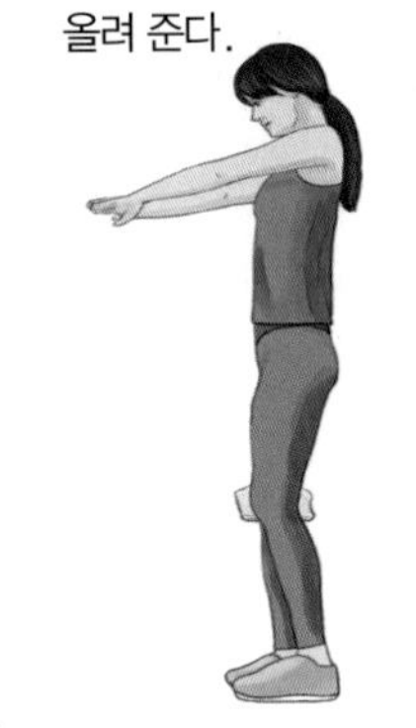

❹ 호흡을 들이마시면서 엉덩이 뒤쪽을 빼 준다.

❺ 이때 상체를 주욱 펴는 듯한 느낌으로 스쿼트 동작을 실행하면 된다.

❻ 호흡을 내쉬면서 천천히 올라온다. 양쪽 무릎의 수건이 떨어지지 않도록 힘을 준다.

❼ 3~5분 동안 같은 방법으로 천천히 동작을 반복한다.

2년제 항공과 면접반영 비율 및 최근 수시 경쟁률

2년제 항공과 대학 경쟁률이 높아서 철저한 준비가 필요하다. 아래 지원 인원을 참고로 인기가 높은 대학을 짐작할 수 있다.

대학 학과 및 전형		비중(%)		모집인원(명)	지원인원(명)	경쟁률
		면접	학생부			
인하공업전문대학 항공운항과	일반	60	40	103	3,312	32.16:1
	특성화			8	323	40.38:1
	토익			21	160	7.62:1
	여, 일반			45	248	5.51:1
	여, 특성화			6	49	8.17:1
	여, 토익			3	11	3.67:1
	남, 일반			15	178	11.87:1
	남, 특성화			2	22	11.00:1
	남, 토익			1	4	4.00:1
수원과학대학교 항공관광과		60	40	112	2,708	24.18
부천대학교 항공서비스과		60	40	70	2,751	39.30:1
연성대학교 항공서비스과		60	40	70	2,455	35.07:1
장안대학교 항공관광과		60	40	96	2,311	24.1:1
한양여자대학교 항공과		60	40	36	1,974	54.83:1
대림대학교 항공서비스과		60	40	66	1,606	24.33:1
한국관광대학교 항공서비스과		60	40	73	1,157	15.8:1
신구대학교 항공서비스과		60	40	38	918	24.16:1

경인여자대학교 항공관광과	60	40	63	863	13.70:1
오산대학교 항공서비스과	60	40	51	700	13.73:1
명지전문대학교 항공서비스전공	60	40	20	684	34.20:1
용인송담대학교 항공서비스과	70	30	60	664	11.07:1
재능대학교 항공운항서비스과	60	40	38	443	11.66:1
백석예술대학교 항공서비스과	100		70	418	6.00:1
동원대학교 항공서비스과	70	30	61	289	4.74:1
경복대학교 항공서비스과	60	40	61	257	4.21:1
두원공과대학교 항공서비스과	60	40	43	220	5.1:1
한국영상대학교 항공서비스경영과	30	70	87	208	2.3:1
서영대학교 항공서비스과	80	20	22	198	9.0:1
인덕대학교 글로벌항공서비스학과	60	40	42	174	4.14:1
영남이공대학교 항공서비스전공	60	40	71	145	2.04:1
충청대학교 항공관광과	60	40	28	138	4.9:1
강동대학교 항공관광과	60	40	37	76	2.05:1
동남보건대학교 항공관광영어과	60	40	26	50	1.92:1

▲ 소개된 대학은 전국의 모든 항공과 대학이 아닌 일부입니다. 매년 면접비중과 경쟁률은 달라질 수 있으므로 참고만 하세요. (2021학년도 기준)

2년제 항공과 대학 실질반영비율은 어느 정도인가요?

2년제 항공과 대학의 면접반영비율과 실질반영비율에는 차이가 있다. 인하공업전문대학의 경우, 학생부 200점(면접 300점) 만점에 기본점수가 0점으로 면접반영비율과 실질반영비율이 같다. 그러나 2년제 대학 대부분은 학생부에서 기본점수를 준다. 장안대학교 모집요강(2021)에서 '학생부 40% + 면접 60%'이지만, 학생부 400점 만점에 기본점수 312점을 준다. 때문에 학생부 실질반영비율은 8.8%으로, 면접 비중이 상당히 높다. 대학마다 차이는 있으나 실질 면접반영비율이 70~80%가 넘는 대학도 많다.

더 이상 도망가지 않을 거야

영화_이야기

세상에는 정말 많은 직업들이 있지만 그중에서도 승무원이라는 직업은 편견이 많은 직업 중 하나인 거 같다. 공항 지상직으로 근무하고 있는 친구도 그렇고, 사적으로 알고 지내는 승무원 또는 전직 승무원 선생님들도 처음 만나는 사람들에게 자신의 직업이 승무원이라는 것을 밝히지 않는 경우가 많다고 한다. 그 이유는 '승무원이면 이렇겠구나.' 하는 편견이 싫어서라고 한다.

승무원이라는 직업에 대한 편견

사실 생각해보면 나 또한 승무원 학원에서 근무하기 전에는 승무원에 대해서 정확히 알지도 못했고, 승무원은 외국인과 자유로운 의사소통이 될 정도로 무조건 영어를 잘한다는 편견을 가지고 있었다. 이런 편견이 승무원을 꿈꾸고 항공과를 준비하는 예승이들을 주저하게 할 때면 마음이 참 아프다. 가끔은 크게 외치고 싶다.

"승무원이 무조건 예쁘다고만 되는 거는 아니래.",

"승무원이 키가 작다고 무조건 안 되는 것은 아니래.",

"승무원이라고 해서 모두 영어 엄청 잘하는 거는 아니래."라고 말이다. 나의 이런 외침을 듣고 단 한 명의 예승이라도 꿈을 포기하지 않고 꿈을 이룬다면 너무 행복할 것이다. 영화 또한 이렇게 외쳐주고 싶은 친구였다. 다행스럽게도 영화는 나의 외침이 아닌 입시박람회에서 항공과에 재학 중인 선배들과 참석해주신 교수님의 조언을 듣고, 주저하던 꿈을 드디어 펼치기로 결심했다.

중3 때 승무원이라는 꿈을 꾸다

영화가 처음 승무원이라는 꿈을 꾸게 된 건 중3 때였다. 한동안 이런저런 책을 읽으면서 "과연 나는 무슨 일을 하면 좋을까?" 하며 고민을 했었다. 그러던 중 〈멋진 커리어우먼 스튜어디스〉라는 책을 읽고 너무 감명을 받았으며 본인의 성격과도 잘 맞을 거 같다는 생각이 들면서 자석처럼 승무원이라는 직업에 끌렸다. 영화는 조용하고 차분해 보이지만 끼도 있고 사람도 좋아하고 리더십이 있는 친구였다. 영화의 성격과 승무원이라는 직업은 내가 봐도 너무 잘 어울린다. 승무원과 어울리는 성격, 거기에 누가 보아도 예쁘고 행복해지는 미소를 지닌 영화는 정말 승무원이 잘 어울렸다. 정작 본인은 3년 동안이나 간절히 승무원이라는 직업을 열망하면서도 과연 내가 도전해도 될지를 계속 고민하고 주저했었다. 바로 162cm라는 아담한 키 때문이다. 내 키도 영화처럼 162cm이다. 아담한 키 때문에 단화를 즐겨 신지 못한다는 불편한 점은 있지만 어떤 일을 할 때 '키가 작아서 안 될 거야'라는 생각은 해본 적 없다. 그런데 신기하게 나와 똑같거나 비슷한 키를 가진 예승이들이 키 때문에 과연 내가 이 직업을 꿈꾸어도 될까라며 고민하고 엄두를 내지 못한다.

고민은 이제 그만

이런 예승이들을 볼 때마다 정말 마음이 아프다. 왜 쉽게 용기를 못 내는지는 누구보다 잘 안다. 객실승무원은 업무상 기내의 오버헤드빈이 닿아야 하며, 그런 이유로 '암리치'라는 것을 대부분의 항공사는 측정한다. 때문에 예승이들에게 큰 키가 분명히 하나의 장점이다. 하지만 아담한 키를 갖고 있는 친구라면 다른 많은 장점을 만들면 된다. 영화는 누구보다 다른 장점이 많은 친구였고 다행히 입시박람회에 참석하신 교수님들이나 항공과 재학생들이 그걸 알아봐주고 영화에게 용기를 주었다. 기나긴 3년의 고민을 깨끗하게 비행기 모양으로 접어 날린 후, 영화는 나의 멘티가 되었다. 너무 간절했지만 마지막의 작은 용기가 부족해서 시작을 못했던 영화에게 드디어 불이 지펴졌고, 영화의 열정은 활활 타올라 누구보다 열심히 그리고 후회 없이 고3의 뜨거운 여름을 보냈다. 그리고 영화는 지금 누구보다 열정적으로 항공과 생활을 하고 있다.

연희쌤의 한마디

수시모집 때 항공과 합격은 생각보다 쉽지 않다. 매년 4,000여 명 정도의 예승이들이 지원을 하는데, 수도권 소재의 항공과에서 뽑는 인원을 계산해보면 수시합격이 얼마나 어려운지 알 수 있다.

몇 개 대학의 수시입학 결과 확인한 뒤 낙담했었던 영화는 지금 재학 중인 K대 합격 소식을 확인하고 펑펑 울며 나에게 전화했었던 기억이 난다. 얼마나 간절했을지 얼마나 마음고생이 심했을지 누구보다 잘 알기에 그럴 때는 나도 모르게 코끝이 찡해지고 눈물이 핑 돈다. 중3 때부터 혼자 가슴속에 접어 두었던 승무원이라는 꿈을 고3이 되어서야 펼친 영화가 반드시 '하늘의 꽃' 되어 세상을 누비는 모습을 나는 기대한다. 그날이 몇 년 안에 오리라는 것을 나는 믿는다. 또한 내가 믿는 만큼 영화 스스로도 자신을 믿길 간절히 바란다.

이제 고민은 그만하자.

밖으로 나가 경험하고 행동하고

도전하고 실패하고

그래야지 성공도 할 수 있다.

Dreams come true

꿈이 나를 독하게 만들다

지안이_이야기

'다이어트'라는 이 네 글자는 참 싫어하는 단어이자 숙명과도 같은 단어이다. 특히 예승이들이게 다이어트는 늘 붙어 다니는 영원한 숙제와도 같은 존재이다. 여기서 하나 꼭 짚고 넘어가고 싶은 사실이 있다. 결코 승무원이 생각하는 것처럼 매우 마른 사람을 선호하는 것은 절대 아니다.

영원한 숙제 다이어트

매스컴에서는 예쁘고 너무나도 마른 아이돌 걸그룹이 넘쳐난다. 그런 걸그룹의 스키니한 몸매에 익숙한 요즘 친구들은 승무원도 그렇게 빼빼 말라야 한다고 생각하지만 승무원은 걸그룹이 아니다. 무거운 카트도 끌어야 하고, 밤낮이 바뀌는 시차에도 적응해야 하며, 위급상황에서는 승객을 리드해야 하는 승무원에게 체력은 중요한 자질 중 하나이다. 때문에 승무원은 유니폼이 예쁘게 잘 어울리는 건강하고 적당한 체형의 여성을 선호하는 것이지, 생각하는 것처럼 앙상하게 마른 친구들을 절대 선호하지 않는다. 너무 마른 친구들이라면 항공사 공채 면접 시에 체력과 관련된 질문을 많이 받는다.

"평소에 체력관리는 어떻게 하나요?"

"승무원이라는 직업이 의외로 매우 힘든 직업인데 할 수 있나요?" 등 과연 이 응시자가 승무원의 직무를 잘 해낼까 염려 섞인 질문을 받는 것이다. 나의 멘티 중에는 아무리 먹어도 살이 안 쪄서 걱정인 친구도 있다. 물론 대부분의 친구들은 이런 고민을 듣는다면 화가 날 것이다. 그래서 고민을 말한 멘티

역시 "쌤, 이건 비밀인데, 제가 아무리 먹어도 살이 안 쪄요."라고 진지하게 고민을 털어놓은 적이 있다. 이런 고민을 털어놓은 멘티와는 반대의 고민에 빠진 친구들이 사실은 더 많다. 무엇이든 부족하거나 넘치기보다는 딱 적당한 것이 좋은 거 같다.

고2 겨울방학부터 15kg 감량

예승이들의 영원한 숙제인 다이어트를 멋지게 해낸 친구가 있다. 바로 지안이이다. 지안이는 중3 겨울부터 승무원을 꿈꾸었다고 한다. 고등학교 때 선생님이나 친구들이 꿈이 무엇인지를 물어볼 때마다 '승무원'이라고 대답하면 되돌아오는 대답은 항상 똑같았다고 한다.

"승무원은 날씬하고 예뻐야 하지 않니?"라는 대답이었다. 지안이는 충분히 예쁜 얼굴이지만 고2 겨울방학까지만 해도 통통한 편이었다고 한다. 나도 통통했던 지안이를 만난 적은 없지만, 고2 겨울방학 때 항공과 진학을 확정 짓고 고3 여름방학까지 15kg을 감량했다고 하니 분명 통통했던 건 사실이다. 승무원이 되기 위해서는 항공과를 진학하는 것이 더 빠른 지름길이라고 결론을 내린 지안이는 고2 겨울방학 때 2년제 항공과 대학 입학을 목표로 정했다. 그다음으로 정한 목표는 오직 한 가지 '다이어트'였다. 몇 년 동안 승무원이 되려면 날씬해야 한다는 주변 사람들의 잔소리를 들으면서, 살을 빼지 않는 이상 나는 아무것도 할 수 없다고 생각했다고 한다. 그렇게 고3 여름방학까지 지안이는 다이어트에 전념하였다. 어느 정도 자신의 목표 몸무게를 만든 뒤, 6월에 상담을 왔고 여름방학부터 본격적인 면접 준비를 시작하였다.

짧아서 아쉬움이 남는 면접 준비

늦게 시작한 만큼 지안이의 목표는 단 하나 면접 준비였다. 15kg을 감량한 강한 의지 그대로 면접 준비에 최선을 다했으며, 차분하고 신뢰감 주는 어투와 목소리가 충분히 매력적인 예승이었다. 지안이에 대한 나의 기대도 부모님의 기대도 컸다. 수시 1차 때, I대 불합격 소식을 듣고 속상하신 지안이 어머니께서 내게 전화를 주셨다. 안타까운 결과가 나온 상황에서 내가 어머니께 드릴 수 있는 말씀은 한 가지 밖에 없었다.

"지안이가 누구보다 열심히 잘 따라와 주었는데 너무 짧은 준비 기간이 아쉬워요. 수시 2차까지 시간이 조금 있으니 남은 시간 최선을 다해 준비해 보면 좋은 결과가 있을 거예요."

남은 기간 동안 최선을 다한 지안이는 본인이 희망했던 대학 중에서 두 곳을 합격하였고, 최종적으로 통학 거리가 더 가까운 K대를 선택하였다.

연희쌤의 **한마디**

"면접 준비를 더 일찍 했으면 어땠을까 하는 후회는 없어 지안아?", "제 성격상 하나가 제대로 준비되지 않은 상황에서는 이것도 저것도 제대로 못했을 거 같아요. 다이어트를 모두 마치고 면접 준비를 시작한 건 후회하지 않아요."라고 대답하는 지안이를 보면서, 오히려 내가 더 아쉬웠다. 준비 기간이 조금만 길었다면 충분히 1지망이었던 대학에 합격할 수 있었을 텐데 하는 아쉬운 마음에 질문을 했던 것이다.

졸업한 멘티들에게 항상 해주는 말이 있다. "대학은 끝이 아닌 시작이며 과정일 뿐 예승이들에게 대학 합격이 최종 목표는 절대 아니다. 또한 1지망 대학에 진학했다고 해서 1지망 항공사에 입사한다는 법도 없다." 결과를 받아들이고 노력하는 과정을 즐길 줄 아는 지안이었기에, 1지망 항공사에 꼭 합격하는 날이 오리라 믿는다.

"안녕하십니까." 수천 번 연습한 이 인사를

수만 명의 승객들에게 하는 그날을 꿈꾸며

오늘도 나는 인사연습을 멈추지 않는다.

국내 LCC 항공사 종류 및 채용 조건

LCC(Low Cost Carrier)란 서비스 제공을 간소화하여 가격을 줄인 저비용 항공사를 의미한다. 국내에는 제주항공, 티웨이항공, 진에어, 에어부산, 에어서울이 취항 중이다. 국내 LCC 항공사의 채용 조건은 매년 달라질 수 있으므로 참고만 하면 좋겠다.

제주항공 최근 채용공고 ····················· JEJUair

■ 지원자격

- 공인 어학 성적 보유자 : 토익 550점 이상, 토익스피킹 레벨 5 이상, 오픽 IM 이상
- 남자의 경우, 병역의 의무를 필하거나 면제된 자
- 해외여행 결격사유가 없고, 제주항공 노선에서 근무 가능한 자

■ 우대사항

- 중국어, 일본어 어학 성적 보유자
- 태국어, 베트남어, 러시아어 등 회화 가능자

■ 전형절차

지원서 접수 > 인성 검사 > 1차 면접 > 2차 면접 > 신체 검사

티웨이항공 최근 채용공고 t'way

□ 지원자격

- 기 졸업자 및 졸업예정자
- 남자의 경우 병역필 또는 면제자
- 해외여행에 결격사유가 없는 자
- 신체검사 기준에 결격사유가 없는 자
- 공인 어학 성적 (영어) 소지자 : 토익 600점 또는 토익스피킹 레벨 5 또는 오픽 IM 이상

□ 우대사항

- 해당분야 관련 자격증 소지자 우대
- 외국어 능력 우수자
- 취업보호대상자 및 장애인은 관련법에 의거 우대

□ 제출서류

- 공인 외국어 성적표
- 증빙서류는 추후 제출 요청 예정

□ 전형절차

서류전형 > 1차 면접 > 2차 면접 > 수영 테스트 > 3차 면접 > 신체검사 > 최종합격

진에어 최근 채용공고

□ 지원자격

- 교정시력 1.0 이상인 자
- 해외여행에 결격사유가 없고 병역필 또는 면제자
- 기 졸업자 또는 졸업예정자
- 토익 550점 또는 토익스피킹 레벨 6 이상 또는 오픽 IM 이상 취득한 자

□ 우대사항

- 국가 보훈 대상자는 관계 법령에 의거하여 우대
- 제2외국어 (일본어, 중국어) 능통자는 전형 시 우대

◻ 제출서류

- 1차 면접 시 : 취업보호대상자 증명원 원본 1부 (해당자에 한함)

◻ 전형절차

서류 전형 > 1차 면접 > 2차 면접 (영어 구술 테스트) > 건강진단 및 체력 테스트 > 최종 합격

에어부산 최근 채용공고

◻ 지원자격

- 기 졸업자 및 졸업예정자
- 전공무관
- 국내 정기 영어시험 성적을 소지하신 분 (필수)
- 남자의 경우 병역을 필하였거나 면제된 분
- 해외여행에 결격사유가 없는 분

◻ 우대사항

- 영어, 일본어, 중국어 성적 우수자는 전형 시 우대

◻ 제출서류

- 어학성적표 원본
- 최종 학교 졸업 (예정) 증명서
- 성적증명서
- 자격증 사본
- 국가보훈증명원, 장애인증명원 (해당자)
- 기타 입사지원서에 기재한 내용을 증명할 수 있는 서류

◻ 전형절차

입사 지원 > 서류 전형 > 1차 면접 > 2차 면접 > 체력/수영 채용 검진 > 최종 결과 발표

에어서울 최근 채용공고 AIR SEOUL

지원자격

- 학력 무관
- 전공 제한 없음
- 국내 정기 영어시험 성적을 소지하신 분 (토익, 토익스피킹, 오픽)
- 기내 안전 및 서비스 업무에 적합한 신체조건을 갖춘 분
- 교정시력 1.0 이상 권장
- 해외여행에 결격사유가 없는 자
- 남자의 경우 병역을 필하였거나 면제된 자

우대사항

- 영어 구술, 일본어, 중국어 성적 우수자는 전형 시 우대함

제출서류

- 어학성적표 원본
- 최종 학교 졸업 (예정) 증명서
- 성적증명서
- 자격증 사본
- 국가보훈증명원, 장애인증명원 (해당자)
- 기타 입사지원서에 기재한 내용을 증명할 수 있는 서류

전형절차

서류 전형 > 1차 면접 > 2차 면접 > 인성검사/체력검정 > 최종 합격

하얀 블라우스, 단정한 검정 치마, 또각또각 검정 구두,

잔머리 하나 없는 쪽머리.

준비과정을 모르는 사람들은 한껏 치장하고

룰루랄라 학생이 공부도 안 하고

면접 보러 다니면서 쉽게 대학 간다고 말하겠지.

'네가 무슨 승무원이냐?'라는 세상에 편견에도 웃어야 하며,

구두 신고 워킹 연습에 발뒤꿈치가 다 까져도 웃어야 하며,

바른 인사 자세 연습하느라 다리가 퉁퉁 부어도 웃어야 하며,

끝없는 미소 연습에 온 얼굴에 경련이 나도 웃어야 하며

항공과 애들은 쉽게 대학 간다는 친구들의 수근거림에도 웃어야 한다.

하지만 '합격'이라는 결과보다 예승이로 살아가면서

준비해왔던 과정 속에 빛나는 추억과 소중한 경험이 있다는 것을

부모님, 같이 준비했던 친구들, 그리고 나 자신은 안다.

항공과 대학 면접 시 복장

수시 면접을 보러 갈 때 예승이들이 걱정하는 부분이 바로 복장이다. 각 대학마다 선호하는 복장 요구사항이 있으므로 미리 알아두자. 각 대학 홈페이지 내용으로 매년 달라질 수 있으니 참고만 하자.

4년제	
한서대학교	• 상의 : 색상, 형태 등은 자유이나 목을 가리는 옷은 금지 • 하의 : 무릎을 가리지 않는 스커트 (스타킹은 밝은 색) • 신발 : 슬리퍼 (학교제공) * 면접 시 복장은 교복을 권장하나, 교복이 없는 기 졸업자나 교복 상태가 양호하지 않은 학생은 학생다운 복장도 착용이 가능하다.
백석대학교	• 헤어 : 포니테일(&교복), 쪽머리 (&면접복) • 복장 : 면접복 또는 교복
극동대학교	여) • 머리 : 긴 머리는 하나로 묶거나 쪽머리, 짧은 머리는 단정한 스타일 • 상의 : 흰색 반팔 티셔츠 또는 반팔 블라우스 • 하의 : 스커트 • 신발 : 자유 • 스타킹 : 살색스타킹에 한함
	남) • 상의 : 흰색 반팔 티셔츠 • 하의 : 바지 • 신발 : 자유
중부대학교	• 헤어 : 이마와 귀가 보일 수 있도록 깔끔하고 단정하게 묶기 • 복장 : 면접자의 경제적 부담을 줄이기 위해 면접 복장에 제약을 두고 있지 않음 (면접복 또는 교복) • 신발 : 슬리퍼 (학교제공)
청주대학교	여) • 복장 : 면접복 또는 교복 • 신발 : 구두(&면접복), 운동화(&교복) • 헤어 : 이마, 귀가 보이는 단정한 헤어 • 시계, 귀걸이 착용 가능
	남) • 복장 : 면접복 또는 교복 • 신발 : 구두(&면접복), 운동화(&교복) • 헤어 : 이마, 귀가 보이는 단정한 헤어 • 시계, 착용 가능
광주여자대학교	• 헤어 : 포니테일(&교복), 쪽머리(&면접복) • 복장 : 면접복 또는 교복 • 신발 : 구두(&면접복), 운동화(&교복)

2년제	
인하공업전문대학	• 헤어 : 단정한 머리 • 상의 : 흰색 무지티 • 하의 : (여) 검정스커트 + 살구색 스타킹 (남) 단정한 검정바지 • 신발 : 굽이 없는 단화 (운동화)
수원과학대학교	• 상의 : 흰색 반팔 라운드 (V넥 포함) 티셔츠 • 하의 : 정장 스커트 (무릎라인이 보이는 스커트) • 신발 : 지정 없음(실내화 학교제공) • 기타(머리, 메이크업, 스타킹 등) : 제한 없음 (단정하게)
부천대학교	• 복장 : 교복 또는 단정한 옷 차림 (면접복) • 신발 : 구두(&면접복), 운동화(&교복)
연성대학교	• 복장 : 교복 권장, 단정한 복장 가능 • 신발 : 구두(&면접복), 운동화(&교복) • 간단한 메이크업 가능, 이마와 귀가 보이도록 머리 정리
장안대학교	• 상의 : 흰색 라운드 반팔티 • 하의 : 검정 스커트 + 살구색 스타킹 • 신발 : 실내화 (학교제공)
한양여자대학교	• 복장 : 학생 신분에 적합한 단정한 복장 (교복, 면접복) • 신발 : 구두(&면접복), 운동화(&교복)

교복 또는 면접복이라고 공지한 대학은 무엇을 입고 가야 하나요?

한서대처럼 면접 시 교복 권장이라고 공지한 경우, 교복을 입는 것이 좋다. 교복 또는 면접복으로 공지했다면, 본인에게 잘 맞는 복장을 한다. 옷에 따라 감점이나 가산점을 받는 것은 없다. 교복이 더 잘 어울리면 교복을, 면접복이 잘 어울리면 면접복을 입으면 된다. 팁을 주면, 면접관 대부분은 부모님 연배이므로 부모님, 선생님 또는 주변 어른들께 어떤 복장이 더 잘 어울리는지를 여쭤보고 결정하는 것이 좋다. 어떤 복장이든 깨끗하고 단정해야 하며, 다리미질은 필수이다. 그리고 여분의 스타킹을 챙기는 것이 좋다.

메이크업은 어느 정도가 적당한가요?

면접은 예비승무원으로서 자질이 있는 고등학생을 선발하는 자리이지 승무원을 채용하는 자리가 아니다. 메이크업은 최대한 자제하고 학생답게 거의 민낯에 가깝게 가는 것이 좋다. 일부 대학은 메이크업을 허용하지만, 면접관 대부분은 학생다운 모습을 선호한다. 메이크업을 안 해서 감점을 받지 않지만, 오히려 과하면 감점의 대상이 될 수도 있다.

비행은 사람들에 대한 기억이며 추억이다

정혜선 선생님의 승무원 시절 사진

'산전수전 공중전'이라는 말이 있다. 한 달 평균 80~90시간을 비행하는 승무원만큼 공중전이라는 단어가 잘 어울리는 직업이 또 있을까? 강산이 족히 변하고도 남음이 있을 십 년하고도 수년의 세월 동안 해왔던 비행을 돌이켜볼 때, 많은 기억들 중 하나를 끄집어내는 것이 오히려 수고로울 것이다. 나를 엮어준 수많은 기억들 중에서 고민 없이 이 이야기를 쓰게 된 것은 아마도 내 품에 안겨 방긋방긋 웃다가 쌔근거리며 잠든, 그때 그 아기의 숨소리를 지금도 또렷이 기억하고 있기 때문일 것이다. 분명 먼 기억이지만 나의 의식 속에 아직도 뚜렷한 필름처럼 남아있는 기억.

미국 L.A로 향하는 비행기는 만석이었다. 이제 막 비행 4년 차에 접어든 나는 그날 일반석에 업무(Duty)를 배정받았는데, 내가 맡은 구역(Zone)의 스크린 바로 앞에는 40대 중후반쯤 되어 보이는 동양인 아기를 안은 미국인 부부가 앉아 있었다. 문제가 생기기 시작한 건 첫 번째 서비스가 끝나갈 무렵이었다. 그 때까지 잠이 들어 있었던 것인지 문제없이 여행하던 아기가 갑자기 깨어나 울기 시작한 것이다.

대부분의 승무원들에게 비행 중 가장 곤란하고 난감한 상황을 꼽으라면 바로 '우는 아기'이지 않을까? 이런 경우 담당 승무원은 부모를 도와 아기를 달래기 위해 애를 쓰게 되는데, 이 아이는 내가 미국인 엄마로부터 받아든 순간 울음을 뚝 그치며 심지어 방긋방긋 웃기까지 했던 것이다. 안도의 숨을 내쉬며 미국인 엄마에게 다시 아기를 건네주면 언제 그랬냐는 듯 자지러지게 울어대는 아이, 몇 번의 토닥임과 아기의 울음 속에서 나는 문득 한 가지를 깨달았다. 지금 입양되어 자신을 낳아 준 모국을 떠나는 이 아기는, 본능적으로 미국인 엄마의 생김새와 체취가 주는 이질감에 불안감을 느꼈던 것이다. 친숙하지 않고 낯선 그것을 온몸으로 저항하다가 익숙하고 친숙한 생김새와 체취가 자신을 토닥여주면 안정감을 느끼며 잠잠해진다.

결국 아기를 달래기 위해 승무원들은 돌아가면서 안아 주어야 했고, 비행 내내 계속되었다. 지금도 가끔 TV나 미디어를 통해 입양된 사람들의 이야기를 접할 때면 나는 문득 그 아기를 떠올린다. '잘 자라 주었을까?', '낯선 땅 어느 곳에서 건강하고 단단하게 뿌리내렸을까?' 승무원이라고 하면 사람들은 묻는다. "어느 곳이 가장 좋았나요?", "어디가 가장 아름다웠나요?" 하지만 돌이켜보면, 비행은 사람들에 관한 기억이며 추억이다. 나를 승무원으로 채워주고 매 순간 성장하게 한 것도, 유니폼을 벗고 승무원을 꿈꾸는 아이들 곁에 있는 지금 이 순간에도, 나의 그리움과 자부심은 늘 사람들에게 있다. 오늘도 나는 아이들을 가르치고 강의한다. 저 아이들이 승무원이라는 자신의 꿈을 이뤄 그들 역시 멋지고 당당한 삶을 꾸리길 소망하며.

강의 중인 정혜선 선생님

30명의 학생이 있다. 이 중에서 꿈을 갖고 학과를 정한 친구들이 과연 몇 명이나 될까? 같은 교실에서 수업을 듣고 공부를 하지만 내가 무엇을 하고 싶은지, 나에게 맞는 직업은 무엇인지, 그 직업인이 되기 위해 어떤 학과를 진학해야 하는지를 알고 있는 친구들이 그렇게 많지는 않다. 이번 챕터에서는 꿈이 없던 친구들이 승무원이라는 꿈을 꾸고 변화되는 과정을 통해서 나를 돌아보는 시간을 가져보자.

Chapter

02

꿈이 없던 내가 꿈을 꾸다

방황의 끝에서 꿈을 만나다

승제_이야기

'안 하고 후회하는 것보다는 해보고 후회하는 게 낫다'는 말이 있다. 나와 지인들의 경험을 비추어 봐도 공감 가는 말이다. 삶은 선택의 연속이고, 두 가지 갈림길에서 우리는 늘 고민을 하고 내가 선택하지 않은 길에 대한 후회는 늘 남기 마련이다. 그렇기에 후회가 덜 남는 쪽을 선택하라고 항상 멘티들에게 조언해 주고 있다. 무모하고 가능성이 작아 보여도 '나는 안 되겠지'라는 부정적 생각으로 도전도 하지 않는다면, 그 미련이 스스로를 매우 힘들게 할 것이다.

해보지도 않고 후회한다면

'무한도전'이라는 예능프로그램이 10년 넘게 시청자들에게 사랑받는 요인 중에 하나도 아마 '무모해 보이지만 도전'이라는 무도 정신 때문 아닐까? 나는 비록 겁을 내서 못했던 것들이나 무모해 보이는 일들을 도전하고 해내고, 때론 실패해도 결과에 승복하는 모습에서 내가 못했던 도전에 대한 갈증을 해소해 준다고 생각한다. 그냥 웃기는 프로그램이었다면 '강산도 변한다'는 10년의 세월을 시청률 전쟁터라는 예능 방송에서 살아남지 못했을 것이다.

승제도 2달만 늦었으면, 해보지도 못하고 포기하는 친구가 될 뻔 했다. 멋지게 과복을 입은 승제의 모습을 생각해보면, 그런 일이 안 일어나길 천만다행이라는 생각이 든다. 승제는 면접이 시작되는 10월이 되기 딱 2달 전에 학원에 등록했다.

"중3부터 승무원을 꿈꾸었던 친구가 왜 면접 2달 전에 왔니?"라고 묻자,

"저는 항공과를 준비하는 이런 학원이 있을 줄은 꿈에도 몰랐어요."라고 말했

다. 승제의 대답에 나 또한 놀랐다. 항공과를 개설하는 대학은 점점 많아지고 승무원 학원도 예전보다 많아졌다. 하지만 승제처럼 학원의 존재 자체를 몰라서 준비를 막막해하고 시작도 못하는 친구들이 있다는 생각을 하니, 고등학교 특강이나 다양한 행사를 통해 더 많은 친구들을 만나야겠다는 생각이 들었다.

펜싱선수를 꿈꾸었던 초등학교 시절

키 183cm에 긴 팔다리, 남자답게 잘생긴 승제는 원래 펜싱을 했었다. 남자답고 시원시원한 성격을 보면 운동부 오빠 같은 느낌이 있다. 승제는 초등학교 3학년 때부터 펜싱을 시작했다. 잠깐 펜싱 국가대표를 꿈꾸기도 했지만, 규율이 강하고 체력적으로 힘들었던 운동부 생활을 견디기가 힘들었다. 운동을 그만두고 꿈이 사라진 승제는 많은 방황의 시기를 겪었다.

중학교 때에는 꿈이나 목표가 없다 보니 공부도 안 되고 친구들이랑 놀았던 기억밖에 없었다. 그런 승제가 다시 꿈을 꾸기 시작한 것은 중3 때 스튜어드라는 직업을 알게 되고 직업에 대해 매력을 느끼기 시작하면서, 펜싱 국가대표 이후 처음으로 '되고 싶다'라는 생각이 들었다고 한다.

꿈은 사람을 변화시킨다

꿈과 목표가 생기니 공부할 이유도 생겼고, 바닥으로 떨어졌던 성적을 다시 올리기 시작하였다. 승제의 고등학교 전체 내신등급은 5등급이었다. 아예 공부에 손을 놓았었기에 고등학교부터 다시 공부를 한다는 게 쉽지 않은 일이었지만 운동을 했던 끈기를 발휘해서 성적을 많이 올렸다. 그런데 승제는 스튜어드를 꿈꾸기만 했지 구체적인 목표와 방향을 잡지는 못했다. 주변의 누구도 승제를 도와주거나 조언해 준 사람이 없었기 때문이다. 그런 승제가 안타까웠던 어머니는 고3 여름방학 때 직접 인터넷을 검색하여 승무원 학원이 있다는 것도 알아내고 학원도 직접 오셔서 상담한 뒤 바로 등록을 해 주셨다. 막상 등록을 하고 보니 고2부터 학원을 다녔던 성빈이라는 친구랑 같은 학교 친구였다.

"성빈이가 학원을 다녔다는 것을 진작 알았다면 저도 바로 다녔을 텐데, 너무 늦은 것 같아서 아쉽긴 해요."

"2개월이 면접을 준비하기엔 너무 짧은 기간이라서 아쉽긴 하지만 늦게라도 알게 돼서 시작을 할 수 있었던 게 얼마나 다행이야."라고 말은 해줬지만, 내심 나도 너무 늦게 준비한 승제가 아쉽다. 하지만 이게 끝이 아닌 시작이니까 승제는 잘 해낼 것이다.

연희쌤의 한마디

승제보다 한 달 더 늦은 9월부터 H대 항공과 면접을 준비했던 남학생이 있다. 물론 준비기간이 너무 짧아서 항공과가 아닌 다른 학과로 진학을 하였다. 학교생활은 잘 하고 있는지 오랜만에 연락을 했었는데 "쌤 저처럼 너무 늦게 알아서 후회하는 친구들 없도록 강의도 많이 해주시고 항공과 면접에 대해서도 널리 알려주세요."라는 메시지를 받았던 적이 있다. 그래도 메시지를 보낸 친구나 승제의 경우에는 늦게라도 알고 해봤으니까 그나마 다행이고 후회가 덜 남겠지만, 몰라서 아예 시도조차 못해본 친구들은 얼마나 속상하고 억울할까? 이 책을 읽고 있다는 것은 항공과의 존재도 면접 준비의 중요성도 아는 예승이라서 천만다행이다. 그리고 알고 있으니 지금 바로 시작하자. 더 이상 미루고 주저할 시간이 없다.

불가능하다고 생각하기에 불가능한 것이다.

가능하다고 생각한다면 가능해질 것이다.

Dreams come true

365일 언제나 스마일

유림이_이야기

가끔 아니 꽤 자주 "쌤, 승무원은 예뻐야 하죠? 제가 엄청 예쁜 얼굴은 아닌데 어쩌죠."라는 질문을 많이 받는다. 승무원은 정말 인형같이 예쁜 외모를 가진 사람들만 할 수 있는 직업일까? 그런 질문을 하는 친구들에게 해주는 조언은 직접 인천공항이나 김포공항에 가서 하루 종일 지나가는 승무원들의 얼굴만 보라는 것이다. 이 말을 듣고 정말 공항에 직접 가서 보고 온 친구도 있지만, 대부분 이 말만 들어도 '외모가 다는 아니구나.'를 스스로 짐작한다. 승무원은 얼굴이 예쁜 사람을 채용하는 것이 아니다. 그렇다면 무엇이 예뻐야 할까? 승무원은 예쁜 미소를 가진 사람을 채용하는 것이다.

내게 승무원은 넘사벽

미소는 사람을 행복하게 만든다. 유림이는 그런 학생이었다. 너무나 예쁜 미소를 갖고 있어서 유림이의 얼굴만 보고 있어도 행복해졌다. 여학생이라면 누구나 한 번쯤은 승무원이라는 직업을 꿈꾸어 볼 것이다. 유림이 또한 중3 때 승무원을 한번 해보고 싶다는 생각을 했었다. 하지만 '나는 정말 승무원이 될거야! 되고 싶어!' 이런 생각은 감히 못했다고 한다. 유림이가 선뜻 승무원을 꿈으로 정하지 못하고 주저한 이유는 다른 여학생들이 승무원 되기를 주저하는 이유와 동일하다. 바로 '내 키에, 내 외모에, 내 체형에, 내 성적에, 내 영어 실력에 무슨 승무원을 할까?'라는 생각 때문이다. 유림이가 그렇게 주저하던 승무원이라는 꿈을 확실히 정하게 된 건 고2 때였다. 학교에서 진행되는 승무원 특강과 코엑스 입시박람회 등을 통해 승무원이라는 직업의 큰 매력을 알게 되었고, 힘들겠지만 노력해서 '꼭 승무원이 되어보자!'라는 굳은 결심을 하게 되었다고 한다.

유림이는 고2 겨울방학이 되면서 면접 준비의 필요성을 절실히 느껴 부천 지역의 친구들과 스터디를 만들어서 준비를 시작하였다. 아무래도 면접 초보인 친구들만 모인 스터디로는 부족하다고 느껴 학원을 알아보았고, 그렇게 유림이가 나의 멘티가 되었다. 상담을 오신 유림이 어머니는 5등급의 내신 성적, 162cm의 아담한 키 등과 같은 여러 이유로, "선생님 저는 큰 기대 안 해요. 수학학원 보낼 금액으로 여기 보낸다고 생각할게요."라고 말씀하셨다. 하지만 누구든 행복하게 만들 수 있는 유림이의 미소를 본 나는 속으로 많은 기대를 하였다. 왜냐하면 승무원과 항공과 입시는 내신 성적이나 키, 외모, 영어실력보다 더 중요한 게 사람을 기분 좋게 만드는 미소이기 때문이다.

행사의 여왕 유림이

예쁜 미소를 가진 학생들의 공통점은 무엇일까? 바로 밝고 긍정적인 성격을 가지고 있는 것이다. 평소에 밝고 잘 웃는 성격을 갖고 있다면 승무원에게 꼭 필요한 자질인 아름다운 미소가 저절로 만들어질 것이다. 유림이도 명랑하고 적극적이며 긍정적인 친구였다. 그런 유림이에게 붙여진 별명은 '행사의 여왕'이었다. 학원의 입시박람회나 특강 또는 영상 촬영에 늘 적극적으로 참여해서 붙여진 별명이었다. 그렇게 하루하루가 지나 찬 바람이 불기 시작하는 면접의 계절 10월이 찾아왔다. 4년제를 더 가고 싶어 했던 유림이었지만 6개라는 개수 제한 때문에, 2년제 수도권에 위치한 대학에도 원서를 쓰고 열심히 면접을 보았다. 면접으로 불태운 10월 초·중순이 지나고 10월 말부터 하나둘 합격자 발표가 시작되었다.

웃는 거야, 그래 그렇게

그런데 나의 예상과 달리 유림이의 수시 1차 결과는 지원한 2년제 대학 모두 떨어졌다. 어떻게 이럴 수 있는지 너무나도 놀라운 결과였다. 멘토인 나도 이렇게 속상하고 마음이 아픈데 본인은 오죽할까. 불합격의 쓴맛은 그 누구도 모를 것이다. 옆에서 많은 예승이들을 지켜보는 나 또한 그저 짐작만 할 뿐이다. 그런 힘든 상황에서도 유림이는 밝았다. 그래서 더 안쓰럽고 마음이 아프고 유림이가 꼭 잘 되기를 마음속으로 기도했던 것 같다. 기쁘고 좋은 상황에서는 누구나 밝을 수 있다. 하지만 정말 힘든 상황일 때, 위기가 찾아왔을 때 그때마저도 긍정적으로 생각하고 웃는 건 정말 어려운 일이다. 그 힘든 시간을 유림이는 특유의 긍정에너지로 이겨냈다. 그리고 그렇게도 원하던 4년제 C대학에 합격하였다.

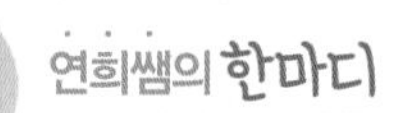

합격한 뒤 유림이가 했던 말이 아직도 기억에 남는다. "쌤, 저 정말 행복해요. 요즘 세상이 모두 아름답게 보여요. 제가 그토록 가고 싶던 4년제 항공과에 갈 수 있어서 너무 좋아요." 100을 가졌는데도 만족을 못하고 50을 가진 사람을 부러워하는 사람도 있다. 반대로 50을 가졌는데도 행복해하며 본인이 가진 것을 나누어 주는 사람이 있다. 여러분은 어떤 타입인가? 아마 유림이는 후자가 아닐까? 과거의 나는 전자였고 지금의 나는 후자가 되기 위해 노력 중이다. 나의 멘티이지만 365일 언제나 스마일인 유림이의 미소와 긍정적 사고는 정말 본받고 싶고, 그러기 위해 오늘도 나는 노력 중이다.

당신은 '예쁜 사람'인가?

'미소가 예쁜 사람' 인가?

승무원은 예쁜 사람이 아닌

미소가 예쁜 사람이다.

외국 항공사 종류 및 채용 조건

요즘 외국 항공사 승무원을 꿈꾸는 예승이들도 상당히 많다. 국내 항공사보다 훨씬 시장 규모가 큰 외국 항공사까지 함께 준비한다면 승무원이 될 확률은 더 높아진다. 채용 공고는 홈페이지를 참고한 것이며 매년 달라 질 수 있으니 참고만 하자.

아랍 에미레이트항공

국적 : 아랍 에미레이트 | 베이스 : 두바이

■ 지원자격

- 학력 : 고등학교 졸업 이상
- 신장: 157cm 이상, 암리치 212cm 이상
- 기타 : 영어능통자, 해외여행 결격사유가 없는 자, 기혼자 가능

■ 전형절차

1차 그룹영어 인터뷰 > 2차 에세이 및 그룹토론 > 3차 영어 필기시험 & 스크리닝 인터뷰 그룹토의 > 4차 최종개별 인터뷰

카타르항공

국적 : 카타르 | 베이스 : 도하

■ 지원자격

- 학력 : 고등학교 졸업 이상
- 신장: 157cm 이상, 암리치 212cm 이상
- 연령 : 제한없음
- 기타 : 해외여행 결격사유가 없는 자

■ 전형절차

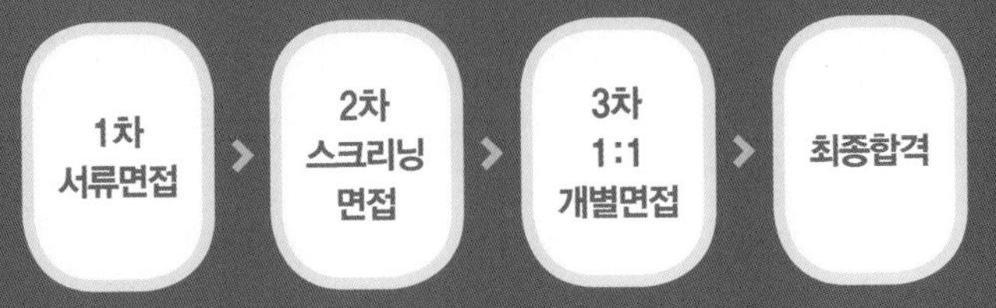

싱가포르항공

SINGAPORE AIRLINES

국적 : 싱가포르 | 베이스 : 싱가포르

■ 지원자격

- 학력 : 4년제 대학 졸업 또는 졸업 예정자
- 신장: 158cm 이상
- 연령 : 제한없음
- 기타 : 해외여행 결격사유가 없는 자, 싱가포르 베이스로 근무가능 자, 높은 수준의 영어가능 자

■ 전형절차

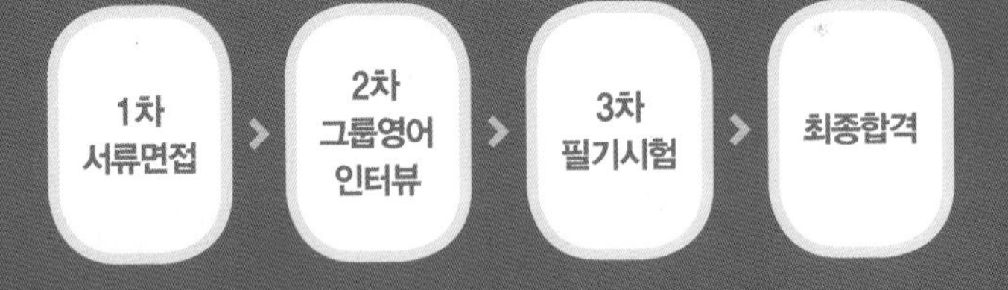

중국동방항공

국적 : 중국 | 베이스 : 홍콩

□ 지원자격

- 학력 : 전문대학 이상 졸업자 또는 졸업예정자
- 신장: 기내안전 및 서비스 업무에 적절한 신체조건을 갖춘 건강한 자
- 시력 : 나안시력 0.1 이상(난시불가), 교정시력 1.0 이상(라섹수술 후 3개월이 경과한 자)
- 어학 : 토익 550점 이상(토익스피킹 레벨 6 이상, 오픽 IM 이상), 중국어 신 HSK 4급 이상(우대사항)
- 병역 : 남자의 경우 병역을 필하였거나 면제
- 기타 : 해외여행 결격사유가 없는 자, 국가보훈대상자는 국가유공자 등 예우 및 지원에 관한 법률에 의거 우대

□ 전형절차

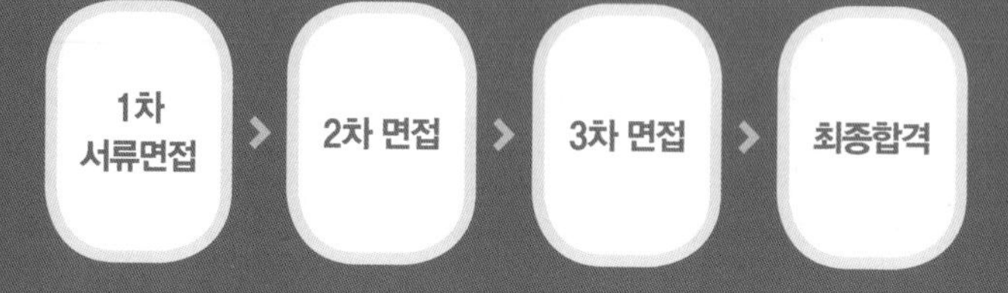

루프트한자항공

Lufthansa

국적 : 독일 | 베이스 : 프랑크푸르트

□ 지원자격

- 학력 : 고등학교 졸업 이상
- 나이 : 만 18세 이상
- 신장: 160cm 이상
- 시력 : 교정시력 포함 1.0 이상
- 기타 : 해외여행 결격사유가 없는 자, 영어회화 가능자 (독일어 선택), 수영 가능자

□ 전형절차

1차 서류면접 > 2차 면접 > 3차 면접 > 최종합격

KLM항공 ······························ KLM Royal Dutch Airlines

국적 : 네덜란드 | **베이스** : 서울

□ 지원자격

- 학력 : 2년제 전문대학 졸업 이상
- 연령 : 만 21세 이상
- 기타 : 해외여행 결격사유가 없는 자, 영어회화 능통자

□ 전형절차

1차 서류면접 > 2차 그룹면접 > 3차 개별면접 > 4차 신체검사

에어프랑스항공 ······························ AIRFRANCE

국적 : 프랑스 | **베이스** : 서울

□ 지원자격

- 학력 : 2년제 전문대학 졸업 이상
- 신장: 160cm 이상
- 연령 : 만 28세 미만
- 시력 : 교정시력 좌우 1.0 이상
- 기타 : 해외여행 결격사유가 없는 자, 불어회화 필수

□ 전형절차

1차 그룹영어 인터뷰 > 2차 에세이 및 그룹토론 > 3차 영어 필기시험 & 스크리닝 인터뷰 그룹토의 > 4차 최종개별 인터뷰

케세이퍼시픽항공 ·················· CATHAY PACIFIC

국적 : 중국 | 베이스 : 홍콩

■ 지원자격

- 학력 : 2년제 전문대학 졸업 이상
- 신장: 157cm 이상, 암리치 208cm 이상
- 연령 : 만 19세 이상
- 시력 : 교정시력 1.0 이상
- 기타 : 해외여행 결격사유가 없는 자, 대한민국 국적자, 기혼자 가능, 영어, 한국어를 유창하게 구사할 줄 알아야 함

■ 전형절차

1차 신체검사 및 영어면접 > 2차 그룹면접 > 3차 영어 인터뷰 및 건강검진 > 최종합격

ANA항공 ··································· 

국적 : 일본 | 베이스 : 서울

■ 지원자격

- 학력 : 전문대졸 이상
- 나이 : 제한없음
- 신장 : 제한없음
- 언어 : 일본어 가능자 우대(필수사항X)

■ 전형절차

서류전형 > 그룹면접 > 그룹 디스커션 /에세이 > 필기시험/ 그룹 디스커션 > 최종면접

예승이로 산다는 것

힘들고 지칠 때도 있다.

모든걸 포기하고 싶을 때도 있다.

하지만,

오늘도 난 웃는다.

4년제 항공과 대학별 교육목적

각 대학의 교육목적을 미리 파악하면 면접 시 도움이 된다. 소개된 대학은 전국의 모든 항공과 대학이 아닌 일부 대학이다. 학과 유니폼은 달라질 수 있으므로 참고만 하자.

● 한서대학교

▲ http://www.hanseo.ac.kr/

항공관광학과는 인성과 예절 교육을 바탕으로 항공관광분야의 전공 지식역량과 현장실무역량을 겸비한 항공관광 전문 인재 양성에 공헌하고자 우수한 외국어 능력과 국제적 감각 함양을 위해 체계적인 이론과 실무 교육 시스템을 통해 항공관광 산업 발전에 공헌할 수 있는 인재 양성을 목적으로 한다.

● 청주대학교

▲ http://www.cju.ac.kr/

항공서비스학과는 항공기 객실승무원 및 사무능력을 갖춘 고급 서비스직 등에 종사할 인력을 양성하는 학과이다. 본 학과는 항공기 운항 서비스와 관련된 운항 및 서비스에 관련된 이론을 습득하고 최신의 객실 서비스 실습실을 구축하여 이론과 실무를 겸비할 수 있도록 교육하고 아울러 서비스 분야에 관련된 사무능력을 갖출 수 있도록 교육할 수 있는 프로그램을 운영하여 학생들의 직업능력을 향상할 수 있도록 교육하는 학과이다.

극동대학교

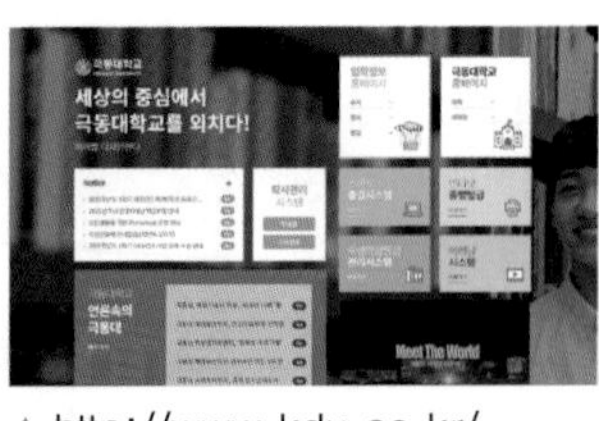

▲ http://www.kdu.ac.kr/

항공서비스인재 양성의 허브 '인성과 글로벌 역량을 갖춘 팀 플레이어'라는 인재 육성을 위해 자신에 대한 성찰로 시작하는 인성교육, 실질적 업무를 익히는 실무 교육, 조직과 인간에 대한 이론 교육과 함께 글로벌 역량 함양을 위한 다양성과 영어, 일어, 중국어 집중교육을 실시하고 있다.

백석대학교

▲ http://www.bu.ac.kr/

항공서비스전공은 21세기 국제화 시대에 부합하는 수준 높은 서비스 능력을 갖춘 서비스 전문가를 육성하기 위한 전공이다. 관광산업의 핵심인 항공산업에 종사할 항공기 승무원 및 공항근무자에게 필요한 자질과 국제적 문화 감각, 능숙한 외국어 커뮤니케이션 능력을 배양하기 위하여 체계적인 이론과 실습을 겸비한 현장적응형 교육을 한다.

중부대학교

▲ http://www.joongbu.ac.kr/

글로벌 시대에 맞는 국제적 문화감각과 능숙한 외국어구사 능력 그리고 실무능력을 구비하여 경쟁력 있는 항공서비스 전문인을 양성하는 학과이다.

● 광주여자대학교

글로벌 항공서비스산업을 선도하는 전문 인재를 양성하며 국내 및 국외 항공사에 적합한 올바른 인서, 전문성 그리고 국제적 감각을 두루 갖춘 훌륭한 인재를 배출하고 있다.

▲ http://www.kwu.ac.kr/

● 청운대학교

글로벌시대 최첨단의 항공사 및 서비스 기업경영에 특화된 직무와 인성교육 커리큘럼, 전 현직 항공사승무원을 포함한 최고의 실무 교수진을 통해 대한민국 1등의 항공서비스 전문가를 양성한다.

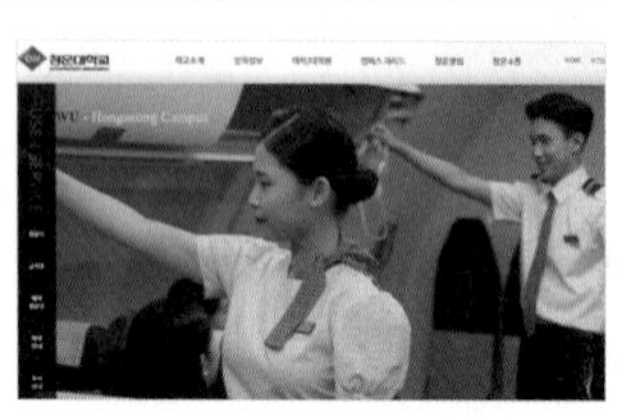

▲ http://www.chungwoon.ac.kr/

● 세명대학교

항공서비스학과는 항공서비스업 등 관광업계가 요구하는 맞춤형 인재를 길러 내기 위하여 전문적이고 체계적인 교육 시스템과 현장 실습으로 세계적으로 우수한 항공 전문 인재를 양성하는데 교육목적을 두고 있다.

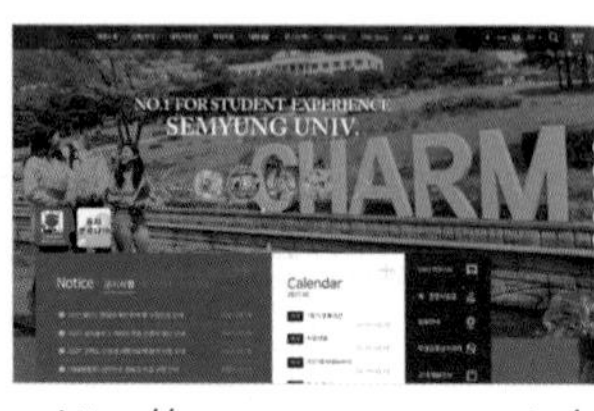

▲ http://www.semyung.ac.kr/

꿈이 없던 내가 날개를 달다

준영이_이야기

우리나라 속담에 '친구 따라 강남 간다.'는 말이 있다. 자기는 하고 싶지 않지만 남에게 끌려서 덩달아 하게 되는 것을 이르는 말로, 긍정적 느낌보다는 부정적 느낌이 더 드는 말이다. 처음에는 나의 의지보단 남에게 이끌려 즉, 친구 따라 간 강남이었지만, 나의 꿈을 찾고 나의 길을 만들어 나간다면 너무 좋은 결과라고 생각한다.

수시 지원이 한창인 9월의 첫 만남

수시 지원이 한창인 9월 중순 준영이를 처음 만났다. 그때는 몰랐지만 I대 항공경영과를 간 진희가 준영이를 소개시켜 줬다.

"쌤, 제 친구 중에 승무원에 관심 있는 애가 있어요."라는 한마디로 준영이와 나의 인연이 시작되었다. 174cm의 평범한 외모를 가진 준영이와 이야기를 하면서 사실 많은 걱정을 하였다. 내신은 4등급 정도, 키도 174cm, 외모도 평범, 스펙은 정말 모자라지도 넘치지도 않는 딱 중간인 너무나 평범한 친구였다. 준영이에게는 항공과 입시에서 꼭 필요한 2가지가 없었다. 바로 미소와 자신감이었다. 상담을 하는 내내 전혀 눈을 마주치지 않았고 소극적인 자세를 보여줬다.

"쌤이랑 같이 준비해 보고 싶어?"라고 물었을 때, "네."라고 대답은 하였지만, 정말 이 친구가 항공과를 가고 싶어서 대답을 하는 건지 아님 그냥 친구 소개로 온 학원이니까 예의상 대답을 하는 건지 도통 감이 잡히지 않았다.

코끝을 찡하게 만든 어머니의 말씀

나의 우려 섞인 의심과 달리 준영이는 진심으로 학원을 다니면서 항공과를 준비하고 싶었던 것 같다. 이유는 바로 이틀 뒤에 어머니와 함께 학원에 등록하러 왔기 때문이다. 어머니께 이런저런 항공과 입시와 관련된 내용 안내를 드리고,

"어머니 더 궁금하신 점 있으세요?"라고 말씀드렸을 때 준영이 어머니의 대답을 아직도 잊을 수가 없다.

"더 궁금한 점은 없습니다. 선생님. 우리 준영이가 무언가를 해보고 싶다고 말한 게 처음이에요. 그래서 무조건 믿고 해줄려고요." 어머니의 그 말씀이 내 코끝을 찡하게 했다. '그래 이 친구 대학 꼭 보내야겠다. 무조건 보내자.'라는 강한 의지가 생겼다.

수시 1차는 모두 불합격

지금이니까 편하게 하는 말이지만 사실 내게 준영이는 참 어려운 미션이었다. 면접일이 얼마 남지 않았음에도 불구하고, 너무 어두운 표정, 자신감 없는 걸음걸이부터 태도까지. 준영이에게는 "할 수 있어! 파이팅!"을 매일 외쳤지만 사실 마음속으로는 '과연 해낼 수 있을까?'라는 의문을 계속 품었다. 그렇게 한 달이 훌쩍 지나 수시 1차 면접을 보고, 결과가 발표되었다.

결과는 역시 모두 불합격이었다. 어쩌면 너무 당연했다. 준영이는 2년제 대학 I대, B대, K대 이렇게 딱 3곳의 대학만 응시를 했다. 본인이 정말 가고 싶은 대학이 아니면 수시에서 붙어도 행복하지 않을 거 같다며 정시를 준비하겠다는 생각이었다. 그래서 혹시 모를 정시 준비를 위해 매일 면접 준비를 하러 학원에 오면서도 수능 공부도 열심히 병행하였다.

믿음의 승리

준영이의 간절한 마음과 노력을 알기에 "네가 무슨 3개만 원서를 쓰니? 너 그럼 떨어져."라는 현실적 독설은 차마 할 수가 없었다. 대신 준영이 어머니처럼 준영이를 믿어 주기로 했다. 믿고 응원해 주는 게 최선이었다. 수시 1차 면접을 보고 나면, 실전연습이 되어서 실력이 는다는 말이 있다. 그 말은 준영이에게 해당되는 소리였다. 1차 면접 후 결과는 참패였지만 표정도 더 밝아지고 자신감 있는 태도도 조금씩 생기기 시작했다. 그리고 더 열심히 하기 시작했다. 7일 내내 학원에 나와 준영이는 연습을 하였고, 그런 준영이를 응원하며 또 훌쩍 한 달의 시간이 흘러 수시 2차가 다가왔다. 2차 때에도 1차에 지원한 I대, B대, K대를 똑같이 지원했다. 두근두근 가슴 떨리는 결과 발표 날. 결과는 믿음의 승리였다. 준영이는 당당히 K대에 합격하였다. 나의 믿음이나 응원이 꼭 합격에 일조한 거 같아서 너무 뿌듯하고 행복했다.

항공과 1학년 생활을 마치고 만난 준영이는 정말 너무 많이 달라져 있었다. 얼굴에는 생기가 돌고 눈도 잘 마주치고 농담도 곧잘 하며, 동기들과 학원에 놀러 와서 선생님들과 술잔도 기울이는 편한 사이가 되었다. 아직도 가끔 선생님들과 이야기한다. 정말 준영이는 학원의 기적이라고.

연희쌤의 한마디

준영이를 보면 나도 기분이 좋아지고 힘이 난다. 희망 대학 합격이라는 기쁨에 조금은 힘이 되어준 거 같아서 기쁘다. 그리고 스튜어드라는 꿈을 이루는 기쁨에도 도움이 되어주기 위해 더 노력할 것이다. "소극적인 성격이라서 걱정이에요", "이미지가 좋지 않아서 걱정이에요."라는 말을 하는 친구들이 꽤 많다. 승무원이라는 직업에 딱 맞게 태어난 완벽한 사람이 얼마나 될까? 과연 있기는 할까? 부족한 부분은 채워 나가고 바꿔 나가면 된다. 변화를 두려워하지 마라. 보석과도 같은 빛나는 꿈을 이루는 것도, 꿈을 포기하는 것도 결국 여러분의 선택이고 몫이다.

늦었다는 후회보다는 최선을 다하자

주성이_이야기

꿈을 정한 시기와 꿈에 대한 열정의 크기가 비례한다고 생각하진 않는다. 내가 정말 간절히 하고 싶은 꿈을 정하고, 그 꿈을 위해 오랫동안 달려왔다는 건 축복이자 행복이다. 그렇다고 꿈을 정한지 얼마 되지 않은 친구의 꿈이라고 해서, 그 열정이나 하고자 하는 의지가 절대 작다고는 생각하지 않는다. 지나온 과거보다 앞으로 펼쳐질 미래가 더 중요하기 때문이다. 이런 면에서 앞으로의 장래가 밝고 기대되는 멘티가 주성이다.

운명적 만남

주성이의 학창시절은 평범했다. 친구들이랑 뛰어놀고 학교도 열심히 다니면서 즐겁게 남녀공학 학교생활을 하는 남학생이었다. 고등학교 2학년 초까지만 해도 남학생이라면 한 번쯤 꿈꾸는 '경찰'이라는 직업을 그저 '멋있다!', '좋다!' 정도로만 생각했었다. 고2가 되어서, 자신이 밝고 긍정적이며 친구들과도 잘 어울리는 외향적인 성격이라는 것을 깨닫고 사람을 대면하는 서비스직을 하고 싶다고 생각하기 시작하였다. 하지만 구체적으로 어떤 서비스직을 해야겠다는 생각까지는 못했었다. 그렇게 고3 봄이 되었고, 5월에 주성이와 나는 만났다. 주성이가 재학하던 고등학교에 초청되어 승무원 직업특강을 맡게 되었다. 그 특강을 계기로 주성이는 승무원이라는 꿈도 정했고 면접 준비의 필요성도 느꼈다.

고3 5월, 발등에 불이 떨어진 시기이기에 주성이는 하루라도 빨리 면접 준비를 시작하고 싶어 했다. 하지만 주성이 어머니께서는 3학년 1학기 내신도 매우 중요하므로, 3학년 1학기 내신을 모두 마친 여름방학부터 면접 준비를 시작하길 강력히 원하셨다. 결국 주성이는 어머니의 의견을 따를 수밖에 없었다. 주성이네 반 총인원 12명 중 유일한 남학생이라 처음에 조금 데면데면하더니, 특유의 친화력으로 금방 여학생들과 친해졌다. 수업이 끝나면 거의 매일 남아서 스터디까지 하면서 면접에 대한 열정을 불태웠다. 그렇게 뜨거운 여름이 지나고 면접의 계절, 가을이 찾아왔다.

마지막 열쇠는 내가 쥐고 있다

항공과 2년제 주요대학 중에는 남학생을 모집하지 않는 경우가 많아서 남학생들은 면접에 대한 부담이 더 크다. 이런 상황에서도 주성이는 특유의 긍정과 여유로운 성격으로 "쌤 잘 되겠죠? 저 정말 이렇게 무언가를 열심히 해 본 적 없는 거 같아요." 하면서 배시시 웃었다. 키 180cm, 5등급 내신 성적, 면접 준비 기간 2달, 항공과를 준비하는 남학생 대부분이 훈남이며 주성이 또한 훈남이었다. 이 정도 스펙이라면 정말 면접장에서 본인이 얼마나 어필을 했는지가 매우 중요하다. 그 마지막 열쇠는 주성이 본인이 쥐고 있었다.

특유의 긍정으로 슬픔도 미화

수시 1차 결과는 나쁘지 않았다. 모두가 원하는 I대 예비번호 10번, 그리고 K대 합격이었다. 가능성을 본 주성이는 더 열심히 준비하였고 지원동기도 업그레이드하였다. 수시 2차 결과 또한 아슬아슬하였다. I대 예비번호 6번, 수시 1차보다 4번호 앞질렀지만 I대인 만큼 절대 예비가 빠지지 않았다. 그렇게 주성이는 아쉬움을 남기고 K대 입학을 확정 지었다.

수시 2차의 대학 결과에서 잊지 못할 에피소드가 있다. 주성이는 I대만큼이나 B대학 합격을 간절히 원했다. 마침 주성이 생일날 B대학 수시 2차 결과 발표가 났다. 수시 발표 시즌에는 나 또한 멘티들과 한마음으로 긴장, 걱정, 슬픔, 환희가 뒤엉켜서 정신이 없는 하루하루를 보낸다. 잠에서 깨자마자 습관적으로 SNS를 켰고 주성이의 타임라인에 '잭팟 터짐'이라는 글을 보고 나도 모르게 "주성이 합격!"이라며 환호를 질렀다. 그런데 주성이가 쓴 잭팟은 '합격'의 잭팟이 아닌 '예비번호 777'의 잭팟이었다. 비록 좋다 말았지만 이 에피소드만으로도 주성이가 얼마나 긍정적이고 밝은 친구인지 짐작할 수 있을 것이다. 1지망 대학을 진학하진 못했지만 이런 긍정과 위트가 있는 주성이기에 주성이의 장래는 매우 밝다.

연희쌤의 한마디

특별한 꿈도 없었다. 예승이들의 평균 면접 준비기간이 1년 정도인 것에 비하면 준비기간도 매우 짧았다. 그래서 주성이는 아쉬움이 컸고 제2의 주성이가 나오지 않길 바랐다. 합격 후 감사 영상을 찍을 때도 '후배들에게 한마디'를 부탁하니, "면접 준비는 고1 겨울방학부터가 적당한 거 같습니다. 꼭 열심히 준비해서 후회 없었으면 합니다."라고 인터뷰를 하였다. 늘 웃었지만 마음속마저 웃진 못했을 것이다. 특히나 너무 아까운 예비번호에 너무 짧은 준비기간이었기에, '내가 조금만 더 일찍 시작했으면 달라졌을 텐데' 하는 생각이 들었을 것이다. 하지만 중요한 건 이제부터이다. 후회가 남았기에 이제는 그 어떤 후회도 남기지 않으려고 열심히 하는 주성이를 보면 정말 멋지고 자랑스럽다.

봄, 목표를 정하자.

여름, 목표를 향해 달리자.

가을, 노력했던 나를 보여 주자.

겨울, 노력한 만큼 웃을 것이다.

Dreams come true

내신관리의 필요성

나혜_이야기

친언니가 있는 친구들은 공감할 것이다. 나보다 많은 걸 먼저 경험하는 언니가 부러웠던 적이 있을 것이다. 언니가 중학교에 입학하여 교복을 입으면 예쁜 교복을 입은 모습이 부럽고, 제주도로 수학여행을 가면 그 모습이 부럽고, 멋진 대학생이 되어서 자유로운 캠퍼스 생활을 즐기면 그 모습이 부럽다. 나혜가 초등학교에 다닐 때 친언니는 항공과 재학생이었다. 예쁜 과복을 입고 승무원처럼 단정한 이미지로 학교를 다니는 언니를 보면서 '아! 예쁘다! 나도 승무원이 되고 싶다.'는 생각을 처음 했다고 한다.

목표가 없다는 건

나혜는 초등학교 때 가졌던 예쁜 승무원이 되고자 하는 생각은 잊은 채 중·고등학교 학창 시절을 보냈다. 대부분 친구들이 하나씩은 가지고 있는 꿈도 없었으며 특별하게 잘하는 것도 없었다. 목표가 없다 보니 공부는 점점 흥미를 잃어버리고 학년이 올라갈수록 나혜의 성적은 점점 떨어졌다. 초등학교 때만 하더라도 중위권이던 성적이 중학교 때에는 중하위권으로 고등학교에 가서는 하위원으로 떨어졌고, 결국 고등학교 평균 내신 등급은 8등급이었다. 대학 진학을 진지하게 고민해보게 되는 2학년 겨울방학이 되었고, '내 성적에, 특별하게 잘하는 것도 없는 내가 할 수 있는 일은 무엇일까? 과연 대학은 갈 수 있을까?'를 진지하게 고민하기 시작했다.

스스로의 미래와 진학에 대해 진지하게 고민하던 중 항공과 다니는 친언니를 보면서 꿈꾸었던 승무원이라는 직업이 떠올랐었다. 하지만 '내가 잊고 있던 꿈을 드디어 찾다니 이제 됐어.'라는 기쁨보다는, '내 주제에 승무원은 무슨…' 이라는 비관과 절망만 갖고 있었다.

그도 그럴 것이 승무원이 되기 위해서는 국내 항공사의 경우 2년제 전문학사 이상의 졸업자 또는 졸업예정자만 가능하기 때문이었다. 승무원이 되기 위해서 대학 진학을 하기에 나혜의 성적이 너무 좋지 않았다. 고2 겨울방학, 드디어 하고 싶은 일도 진학하고 싶은 과도 찾았지만 부모님께 말씀도 못 드리고 끙끙 앓아야만 했다.

똑딱똑딱 시간은 흐른다

그렇게 똑딱똑딱 시간은 안타깝게 흘러가고 고3 여름방학이 되었다. 내가 과연 할 수 있을까 주저하던 나혜였지만 막상 고3 여름방학이 되니까 정신이 번쩍 들었다고 한다. 이제 정말 아무것도 안 하면 결코 아무 일도 일어나지 않고 아무것도 할 수 없을 거라는 생각이 들어, 부모님께 항공과에 진학을 하고 싶고 대학을 가기 위해서 혼자서는 면접 준비가 자신이 없으니 학원을 보내 달라고 말씀드렸다. 평소 아무 꿈도 없고 공부도 안 하던 나혜가 무언가를 해보겠다고 용기 내서 말한 진심이 기특하셨는지 아버님께서 바로 상담도 오시고 학원도 등록해 주셨다. 그렇게 반년의 주저함과 6년의 방황 끝에 나혜는 목표를 정하고 움직이기 시작하였다.

성적이 낮은 친구들이 하는 걱정 중에 하나가, 면접 시 나의 성적 때문에 면접관님들께서 편견을 갖고 나를 평가하면 어쩌지라는 염려를 많이 한다. 하지만 그런 걱정은 안 해도 좋다. 평균 면접 시간은 10~15분 내외이다. 이 시간 동안 응시자를 평가하기에는 너무나 촉박한 시간이고 그 사람만 봐도 모자랄 시간이기 때문에, 대부분 한 명 한 명의 생활기록부를 확인하면서 면접을 보진 않는다. 면접은 진솔하고 간절한 나를 보여주는 기회이다. 이 점을 성적 때문에 자신감이 떨어진 나혜에게도 자주 이야기해 주면서 힘을 낼 수 있게 응원해 주었다.

주사위는 던져졌다

그렇게 주사위는 던져졌다. 나혜의 수시 1차 결과, 수시 2차 결과를 확인하면서 늘 아쉬운 게 2가지였다. 나혜가 8등급이 아닌 5~6등급 정도의 성적이었다면 어땠을까? 나혜가 고3 여름방학이 아닌 고2 겨울방학부터 면접 준비를 했으면 어땠을까? 낮은 성적에 대한 부담감에 면접 준비 기간도 너무 짧았기에 나혜는 모의면접 시간에 가장 자신감이 없는 친구 중 한 명이었다. 가능성이 있는 친구이기에 그 짧은 시간이 야속하였다. 아직 다듬어지지 않은 나혜의 실력은 J대 항공과에서 꼭 채울 수 있다고 나는 굳게 믿는다.

연희쌤의 한마디

"나혜야 내신관리를 조금만 더 했으면 참 좋았을 텐데…" 수시 1차 전부 불합격 결과를 받은 후 속상한 마음에 이런 말을 한 적이 있다. 씁쓸한 미소를 지으며 "그러게요 쌤. 진짜 후회돼요. 공부 좀 할 걸 그랬어요. 근데 저 항공과 준비 시작한 건 하나도 후회 안 돼요. 항공과 준비 안 했으면 대학 진학 자체를 엄두도 못 내고 포기했을 거예요. 이끌어 주시고 응원해주셔서 감사합니다."라고 말하는 나혜를 보면서 가슴이 뭉클했다. 성적도 면접 준비도 토익도 차근차근 잘 해왔다면 더할 나위 없이 좋을 것이다. 하지만 그렇지 못한 친구들이 더 많다. 그럴 때 '나는 부족해.', '나는 안 돼.'라고 포기를 할 것인가? 용기를 가지면, 여러분의 인생이 달라진다.

내가 올라갈 곳이 너무 높아 엄두가 나지 않는가?

오늘은 딱 한 계단만 오르자.

오늘의 한 계단이 쌓이고 쌓여

결국 정상에 다다를 것이다.

기내 방송 안내문

면접에서 첫인상이 중요하다는 건 모두 아는 사실이다. 이렇게 중요한 첫인상이 외모에서 오는 것일까? 외모는 빛이 나지만 면접을 보는 동안 자신감 없는 목소리로 웅얼웅얼 거리면서 말을 한다면, 과연 면접관분들에게 좋은 인상을 줄 수 있을까?

미국 심리학자 앨버트 메라비안(Albert Mehrabian)의 메라비안 차트를 살펴보자. 그래프에서 보는 것처럼 시각적 이미지 다음으로 청각적 이미지가 중요하다. 면접에서 '목소리가 주는 힘'은 매우 크다. 이렇게 중요한 목소리는 타고난 것일까? 물론 그런 사람들도 있지만 노력에 의해 충분히 개선될 수 있다. 뉴스를 진행하는 아나운서들을 봐도 알 수 있다. 모두 비슷한 목소리와 말투를 지니고 있다는 것은 연습에 의해 만들어졌음을 짐작하게 한다. 예승이들에게 꼭 필요한 호감가는 목소리도 연습을 통해 만들어 보자. 좋아하는 책 또는 다음 페이지 기내 방송문을 하루에 한 페이지씩 소리 내어 또박또박 읽는 연습을 하다 보면 분명히 변화하는 자신을 느낄 것이다.

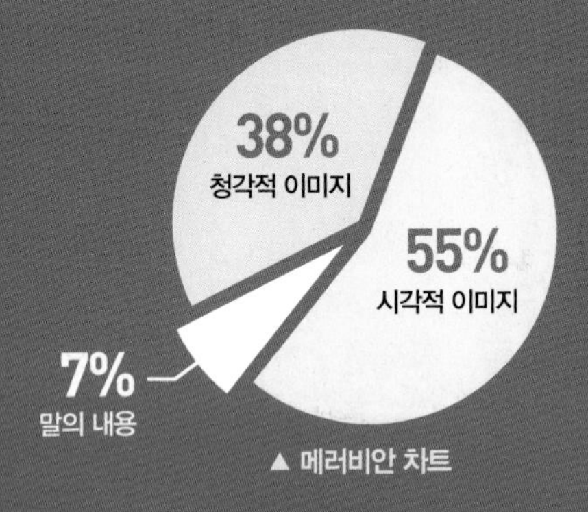

▲ 메라비안 차트

대한항공 ································· KOREAN AIR

■ WELCOME

KOR

손님 여러분, 안녕하십니까.
오늘도 변함없이 스카이팀 회원사인 저희 대한항공을 이용해 주신 여러분께 깊은 감사를 드립니다.
이 비행기는 ___까지 가는 대한항공 ___편입니다.
목적지인 ___까지 예정된 비행시간은 이륙 후 ___시간 ___분입니다.
오늘 ___기장을 비롯한 저희 승무원들은 여러분을 ___까지 정성껏 모시겠습니다.
도움이 필요하시면 언제든지 저희 승무원을 불러 주십시오.
계속해서 기내 안전에 관해 안내해 드리겠습니다.
잠시 화면을 주목해 주시기 바랍니다.

ENG

Good morning (afternoon/evening), ladies and gentlemen.
Captain ____ and all of our crew members are pleased to welcome you onboard Korean Air, a member of SkyTeam alliance. This is flight ____, bound for ___.
Our flight time today will be ___hour(s) and ___minute(s).
During the flight, our cabin crew will be happy to serve you in any way we can.
We wish you an enjoyable flight.
And please direct your attention for a few minutes to video screens for safety information.

▲ 대한항공 기내 방송

SEAT BELT SIGN OFF

KOR

손님 여러분, 방금 좌석벨트 표시등이 꺼졌습니다.
그러나 비행 중에는 기류 변화로 비행기가 갑자기 흔들리는 경우가 있습니다. 안전한 비행을 위해 자리에 앉아 계실 때나 주무시는 동안에는 항상 좌석 벨트를 매고 계시기 바랍니다.
그리고 선반을 여실 때는 안에 있는 물건이 떨어지지 않도록 조심해 주십시오. 좌석 앞 주머니 속의 기내지 MORNING CALM을 참고 하시면 비행 중 사용할 수 있는 전자제품, 스카이 패스 등에 대한 자세한 비행 정보를 얻으실 수 있습니다.
감사합니다.

ENG

Ladies and gentlemen.
The Captain has turned off the seat belt sign.
In case of any unexpected turbulence, we strongly recommend you keep your seat belt fastened at all times while seated.
Please use caution when opening the overhead bins as the contents may fall out.
For more information about services available on this flight, please refer to the Morning Calm magazine in your seat pocket.

아시아나항공 ································ 아시아나항공

WELCOME

KOR

손님 여러분, 안녕하십니까.
행복한 여행의 시작을 유캔 플라이와 함께 해 주셔서 감사합니다.
스타얼라이언스-아시아나항공 ___편(___항공 ___편)의 탑승을 환영합니다.
___까지 비행시간은 ___시간 ___분이 걸릴 것으로 예상하며, ___기장과 ___ 매니저를 비롯한 승무원들은 최선을 다해 편안하게 여러분을 모시겠습니다.
잠시 후 기내 안전에 대한 비디오를 상영하겠습니다. 감사합니다.

ENG

Good morning (afternoon/evening), ladies and gentlemen.
Welcome to youcanfly airlines flight ___, bound for ___.
Flying us today is Captain ___, and the cabin service manager is ___.
Our flight time will be ___ hours and ___minutes.
If you need assistance, please let us know.
Soon, we will show a safety information video.
Thank you for flying youcanfly Airlines, a member of Staralliance. We hope you enjoy the flight.

◘ WAKE-UP (두 번째 식사 전 승객을 깨우는 방송)

KOR

손님 여러분, 편안히 쉬셨습니까?
잠시 후 아침(점심/저녁/간단한)식사를 준비해 드리겠습니다.
앞으로 약 ___시간 ___분 후 ___공항에 도착하겠으며, 목적지 현재 시각은 오전(오후/저녁) ___시 ___분입니다. 감사합니다.

ENG

Ladies and gentlemen, we hope you have enjoyed your rest.
In a few moments, we will be serving you breakfast (lunch/dinner/a snack).
We have ___ hour(s) and ___minutes remaining until our arrival.
The local time here in ___ is now ___ in the morning(in the afternoon/in the evening). Thank you.

▲ 아시아나 기내 방송

예쁜 다리 만드는 방법

- 오다리 교정하기(2)

❶ 누운 상태에서 복숭아뼈의 위로 두 손을 올려놓은 다음, 양쪽 다리 길이를 측정한다.

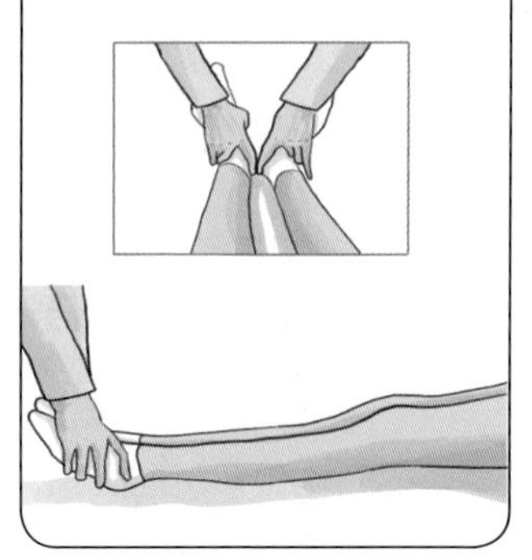

❷ 다리 길이가 같은 경우는 그림처럼 손의 위치가 동일하다.

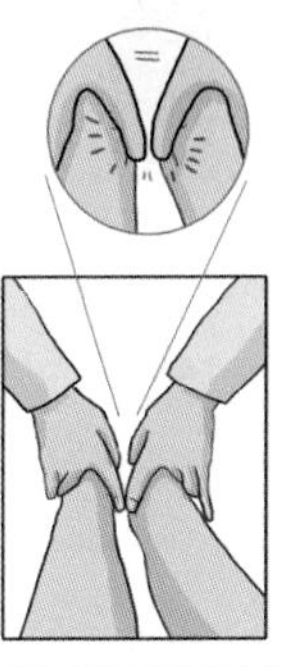

❸ 다리 길이가 다른 경우는 그림처럼 차이가 난다.

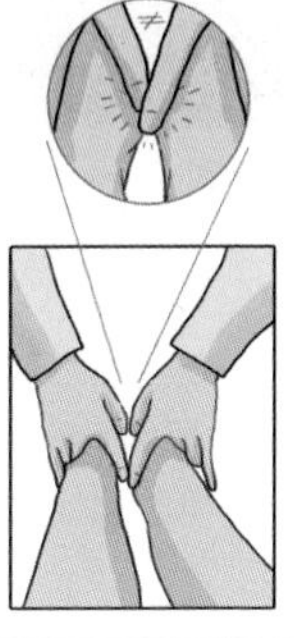

❹ 다리 길이가 같은 경우에는 양쪽 발끝을 붙이고 뒤꿈치는 45도 각도로 벌려 준다. 이때 길이가 같으면 삼각형 모양으로 된다.

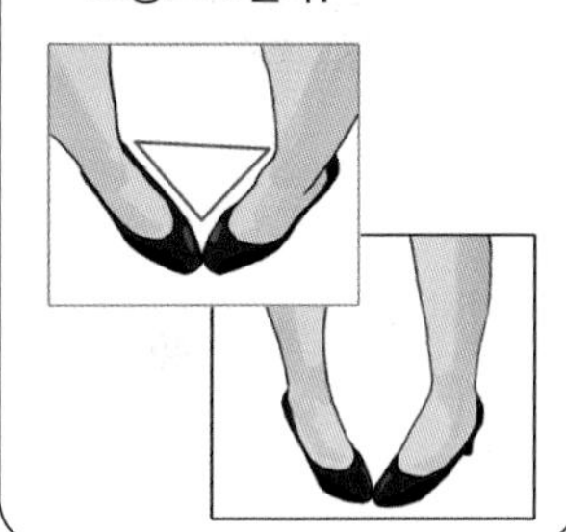

❺ 다리 길이가 다른 경우에는 긴 다리 쪽에 있는 발을 짧은 다리 쪽에 있는 발의 가운데에 파인 곳에 붙여 준다.

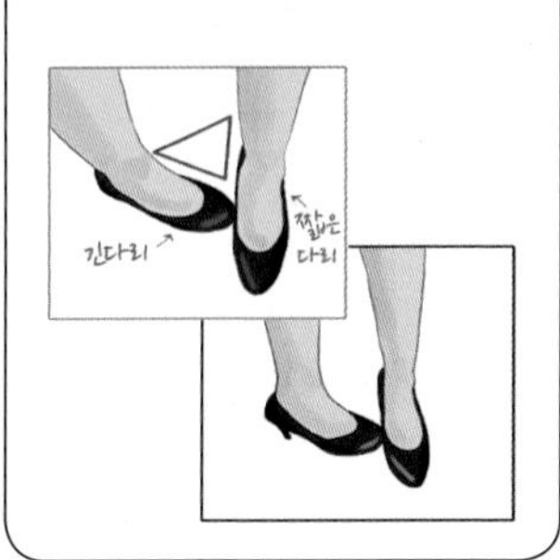

❻ 그 상태에서 척추는 곧게 펴고, 무릎을 90도 정도 앉았다가 일어난다.

❼ 이 동작을 하루에 100회씩 반복하되, 무리하지 않게 개수를 나눠 한다. 편한 복장으로 한다.

2년제 항공과 대학별 교육목적

내가 희망하는 대학의 교육목적을 미리 알아 둔다면, 면접 답변 시 유용하게 활용할 수 있다. 소개된 대학은 전국의 모든 항공과 대학이 아닌 일부 대학이다. 또한 인재상과 학과 유니폼은 달라질 수 있으므로 참고만 하자.

● 인하공업전문대학

다양한 이미지 연출과 서비스 기본 예절 배양과 항공객실 서비스 스킬과 서비스 정신을 배우며 이론과 실무를 접목한 체험학습을 실시하여 산업현장에서 고객 요구에 맞는 맞춤형 항공객실 승무원을 양성한다.

▲ http://www.inhatc.ac.kr/

● 수원과학대학교

밝고 명랑한 스마일의 생활화 및 세련된 서비스 매너, 대중 앞에서 자신의 의사를 표현할 수 있는 자신감과 발표력을 함양한다. 올바른 가치관 확립 및 논리적 사고력, 건강한 체력 유지 및 필요한 상황 발생 시 솔선수범하여 과감히 행동하는 적극성을 갖춘 인재를 양성한다.

▲ http://www.ssc.ac.kr/

● 부천대학교

항공 및 관련 서비스 분야, 기업체 사무직 등 서비스 분야 전반에서 폭 넓게 활약할 수 있는 글로벌 역량과 서비스 마인드를 가진 전문 서비스 인재 양성을 목표로, 실용적이고 효율적인 교육과정을 체계적으로 운영함으로써 역량을 갖춘 전문 서비스 인재를 양성한다.

▲ http://www.bc.ac.kr/

● 연성대학교

세계를 무대로 활약할 수 있는 글로벌 인재를 양성하기 위해 올바른 인성 및 교양을 갖추고, 세련된 국제 매너를 습득하여 세계인과 소통하고 융합할 수 있는 창의적 글로벌 전문인재 양성을 목표로 한다.

▲ http://www.yeonsung.ac.kr/

● 한양여자대학교

항공분야 전문인재 양성을 목적으로 한다. 항공객실 서비스 NCS 기반의 맞춤형 교육을 제공하여 지역사회와 국가, 나아가 인류 번영에 이바지하는 항공전문 여성전문 여성인재 양성한다.

▲ http://www.hywoman.ac.kr/

● 장안대학교

항공산업에서 요구하는 객실, 공항서비스 업무를 수행할 전문 항공서비스인, 산업계 요구에 대응할 수 있는 실무지향적 관광전문인력, 기업에서 요구하는 업무를 적극적으로 보좌하고 수행할 수 있는 인재를 양성한다.

▲ http://www.jangan.ac.kr/

● 대림대학교

항공서비스 전문인력 양성을 위하여 2012년 3월에 신설된 대림대학교 항공서비스학과는 글로벌 어학능력과 직무 중심의 현장실습 능력을 배양하여 사회 맞춤형 인재양성에 힘쓰고 있다. 항공서비스분야의 우수한 교수진과 어학분야의 전문교수진을 갖추어 세계적 수준의 항공서비스 전문인 배출을 목표로 교육 시스템을 갖추고 있으며 최신 설비의 실습실 및 강의실을 구축하여 교육의 품질을 높이고 있다.

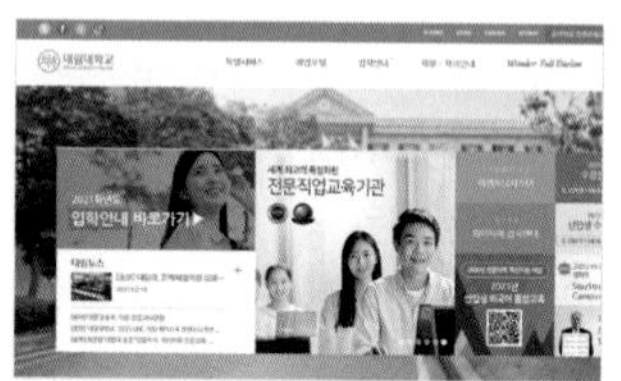

▲ http://www.daelim.ac.kr/

● 한국관광대학교

항공 산업 및 서비스 산업에 기여할 수 있는 전문적 지식을 갖춘 차세대 엘리트를 양성한다. 항공운항 서비스, 전문 비서 및 관광경영에 관한 폭 넓은 지식을 습득하고 다양한 분야에서 현장 적응력을 향상시켜 환대산업분야에 즉시 투입할 수 있는 실무형 인재를 양성하고자 한다.

▲ http://www.ktc.ac.kr/

● 용인송담대학교

▲ http://www.ysc.ac.kr/

승무원 양성을 위한 체계적인 이론, 실습 및 현장교육과 생활교육을 통해 지성과 전문성, 봉사정신을 갖춘 전문 항공서비스 인력을 양성한다. 주된 학습내용은 항공기 객실서비스, 공항서비스 및 항공화물운송서비스 실무와 더불어, 영어, 중국어, 일어 등 글로벌 커뮤니케이션, 서비스매너 및 인문•교양 교육을 실시한다. 이를 통해 항공서비스와 관련된 전문지식과 우수한 커뮤니케이션 능력을 갖춘 글로벌 항공 서비스전문가 양성을 목표로 한다.

● 인천재능대학교

▲ http://www.jeiu.ac.kr/

체계적인 이론•실습 및 현장 교육과 생활교육을 통한 유능한 승무원을 양성하고 글로벌 경쟁력을 갖춘 서비스 전문가로서 갖추어야 할 국제적인 문화감각 배양과 세련된 국제적 매너 및 능숙한 외국어 구사능력을 갖춘 항공•관광•서비스 산업의 미래지향적 리더를 양성한다.

● 크레센도국제대학교

▲ http://www.crescendo.kr/

외항사 취업에 최적화 되어있는 프로그램 운영 (에미레이트 항공, 에티하드 항공. 카타르 항공, 말레이시아 항공, 에어아시아, 인도네시아 가루다 항공 등 항공사 트레이닝 센터에서 직접 훈련), 글로벌 교육 프로그램을 통한 진정한 글로벌 인재상을 육성한다.

이런 맛에 비행하는 거지

김창희 선생님의 승무원 시절 사진

한창 비행이 많은 여름 휴가철, 김포-제주 간의 비행 이야기를 해보려고 한다. 188석 만석으로 하루에 2번씩 하는 왕복 비행은 승무원 4명이 근무하기에 정말 힘이 든다. 가족들, 아이들, 신혼부부, 등산객 단체, 중국인 단체, 학생 단체까지 보딩(탑승)을 시작하고 나면 정말 정신이 하나도 없다. 그날은 보딩 전 준비하는 시간에 지쳐있던 우리를 보신 기장님이 직접 인터폰을 들고 노래를 틀어 주시며 디제잉을 하셨던 기억이 있다.

그렇게 잠시 즐거웠던 시간이 끝나고 탑승이 시작되었다. 그날따라 가족 단체 승객이 많다 보니 덩달아 아이들도 30~40명 정도 탔었다. 그러다 보니 복도를 여기저기 뛰어다니는 아이, 탈 때부터 울면서 들어온 아이, 타고 나서 우는 아이, 소리 지르는 아이 등 비행기는 순식간에 아수라장이 되었고, 여기가 어린이집인지 비행기인지 구분이 안 갈 정도였다. 그렇게 소란한 가운데 비행이 시작되었고 어떤 여자아이가 그림을 그리고 싶다며 지나가던 나를 잡고 종이를 달라고 하였다. 나는 별생각 없이 앞치마 주머니에 넣어 두었던 엽서 한 장과 펜을 꺼내서 주고, 다시 정신없이 일했다.

착륙을 하고 난 뒤 승객들이 비행기에서 내리기 시작했고, 어느 정도 승객들이 내렸을 때 아까 엽서를 주었던 꼬마 여자아이가 나에게 부끄러워하며 엽서 한 장을 주고 내리는 게 아닌가? 그때만 해도 승객들이 계속해서 내리고 있는 중이어서 엽서를 제대로 보지 못하고 선반 옆에 올려놨었다.

승객들이 모두 내린 뒤 선반 옆에 있는 엽서를 다시 보았더니 엽서에는 고사리 같은 손으로 그린 예쁜 그림이 있었다. 정말 기분이 좋아서 같이 비행한 사무장님과 승무원들 그리고 기장님한테까지 엽서를 자랑했던 기억이 난다. 그때 내가 했던 생각은 '비행이 항상 힘든 것만은 아니지. 이런 맛에 비행하는 거지!'라는 생각을 하며 다시 힘을 내서 다음 비행을 준비했던 기억이 난다. 이 글을 쓰면서 그때를 생각하니 웃음이 난다. 다만 아쉬운 점이 있다면 그때 그 아이에게 고맙다는 말을 해주지 못한 게 아쉽다. 지금이라도 말해주고 싶다.

"예쁜 아이야! 이름을 몰라서 아쉽지만! 그때 그 엽서는 몇 년이 지난 지금도 정말 소중히 간직하고 있어. 이제라도 고맙다고 말하고 싶어. 정말 고마워."

꼬마 여자아이에게 받은 엽서

'자네가 무언가를 간절히 원할 때 온 우주는 자네의 소망이 실현되도록 도와준다네.' 파울로 코엘료의 〈연금술사〉라는 책에서 나오는 내가 참 좋아하는 글귀이다. 간절하다면 꿈은 꼭 이루어질 것이다. 그러니 꿈을 꾸자. 꼭 이루고 싶은 간절한 꿈 말이다. 그 누구보다 간절하게 '승무원'이라는 꿈을 이루기 위해 고군분투하는 예비승무원들의 이야기를 통해 나의 꿈을 다져보자.

Chapter 03

나는 누구보다 간절하다

Dreams come true

언젠가는 꼭 이루고 말 거야

수빈이_이야기

'R=VD'라는 마법의 공식을 알고 있을까? 생생하게(Vivid) 꿈을 꾸면(Dream) 이루어진다(Realization)는 뜻이다. 내가 좋아하고 믿는 마법의 공식이며 예승이들도 꼭 믿어 보았으면 하는 공식이기도 하다. 이 공식이 통한 멘티가 있다. 고3 시절 수빈이의 SNS 타임라인에 'K대에 꼭 갈 거야.'라고 쓰여 있다. 게시글을 올린 날 많은 친구들이 '넌 할 수 있어.'라는 응원의 글을 남겼는데 실제 수빈이는 그해 K대에 합격하였다. '정말 소름 돋는다.'는 댓글이 많이 달렸다.

운명적인 직업 승무원

수빈이가 처음 승무원이라는 직업에 관심을 갖기 시작한 건 중학교 1학년 때부터였다. 친구가 승무원의 꿈을 갖고 있어서 '승무원'이라는 직업에 호기심이 생긴 것이다. 사실 그전까지 수빈이는 장래 직업에 대해 물어보면 막연하게 '선생님'이라고 했었다. 수빈이는 공부를 상당히 잘하기도 했고, 친구들에게 가르쳐주는 걸 좋아해서 '선생님'이라는 직업도 썩 잘 어울린다. 수빈이에게 있어서 선생님이라는 직업은 간절히 원하는 꿈이라기보다는 그냥 내가 잘할 수 있는 일이라는 생각이 컸는데, 이에 비해 승무원이라는 직업은 알아볼수록 점점 더 매력을 느끼게 되었다. 사무직보다는 사람들과 어울리는 걸 좋아하는 본인의 성격에 승무원은 정말 좋은 직업이라는 확신이 들었고, 그렇게 중학교 3학년 때 수빈이는 운명적인 직업으로 '승무원'을 선택했다.

세상 가장 든든한 지원군 부모님

앞에서도 언급했듯이 수빈이는 공부를 상당히 잘했다. 중학교에서는 늘 전교 10등 안에 들었으며, 부천의 명문 고등학교인 S여고에서도 1등급의 성적을 항상 유지했으며, 항상 반장이나 부반장을 도맡아서 했다. 그런 수빈이가 2년제 I대 또는 지방에 위치한 4년제 항공과를 진학하고 싶다고 담임선생님께 말씀드렸을 때 당연히 반대하셨다고 한다. 하지만 수빈이의 의지는 확고했으며, 야무지고 스스로 알아서 잘하는 딸을 믿으신 수빈이 부모님께서는 아무런 반대 없이 수빈이의 꿈을 지지해 주셨다.

항상 밝고 자신감 넘치는 수빈이는 성실하게 내신 관리와 면접 준비를 잘했다. 그러던 수빈이가 흔들리기 시작한 건 고3 여름부터였다. 내신이 1등급이더라도 면접에서 좋은 결과를 얻어내지 못하면 불합격을 할 수도 있다는 압박이 다가오며 누구나 한 번씩은 거친다는 '고3 슬럼프'가 온 것이다. 슬럼프를 넘길 8월 중순쯤 타임라인에 그 글을 남긴 거 같다.

수시 결과가 발표되었을 때 예승이들을 가장 힘들게 하는 점은 아마도 비공개 면접 점수일 것이다. 시험 성적처럼 내 점수가 안돼서 떨어졌다면 차라리 속이 시원하고 납득이 될 텐데, 항공과 면접 결과는 비공개이기에 내가 뭐가 부족해서 내 점수는 몇 점이기에 떨어졌는지 반대로 합격했는지는 아무도 모른다. 수빈이의 수시 1차 결과는 참 아팠다. 이를 지켜보는 나 또한 참으로 마음이 아팠다. 내신이 1등급인 친구가 오로지 '승무원'이라는 꿈 하나를 바라보고 항공과에 전념 했는데, 그 결과가 참담하니 학교 특강을 갔을 때 뵈었던 수빈이 담임선생님이나 수빈이 부모님께 꼭 내가 잘못이라도 한 듯 송구스러웠다. 내가 해줄 수 있는 일은 오직 메시지를 보내면서 다독이고 용기를 주는 일밖에 없었다.

드디어 K대 합격

드디어 K대 결과가 발표되는 날, 수빈이는 도저히 결과를 볼 자신이 없다면서 내게 결과 확인을 부탁하였다. 결과는 예비 2번이었다. 합격이나 다름없는 결과를 보고 수빈이에게 전화를 했고, 결과를 듣고 감격의 눈물을 흘리는 수빈이의 목소리에 나도 어찌나 눈물이 나던지 서둘러 전화를 끊고 눈물을 훔쳤던 기억이 난다. 그날 수빈이 어머니께서 내게 전화를 거셔서 처음으로 "그냥 서울 소재 4년제 가서 승무원 준비하라고 할 걸, 왜 이리 힘든 길을 안 말렸는지 후회가 되네요. 그래도 우리 수빈이를 끝까지 잘 이끌어 주셔서 감사합니다."라고 울먹이면서 말씀하시는데 만감이 교차하였던 밤이었다.

연희쌤의 **한마디**

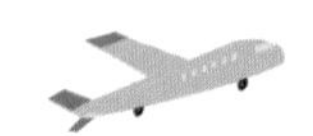

합격이나 다름없는 예비 2번이지만, 또 며칠을 맘고생 해야 할 딸이 애처롭고 안쓰러운 어머니 마음을 왜 모르겠나. 하지만 수빈이가 고군분투한 고3 시절의 경험은 큰 돈을 주고도 살 수 없는 값진 경험이 분명하다. 가슴 아픈 실패도 견디고 도전하면 성공을 향해 가는 과정일 뿐이라는 걸 깨달았기에 더 어려우면 어려웠지 쉽지는 않을 항공사 공채는 누구보다 당당히 더 야무지게 잘 준비하고 이루어 내리라 믿는다. 이 글을 읽고 있는 예승이라면 꼭 R=VD 공식을 실행해 보길 바란다.

실수를 두려워하지 마라.

실패가 아닌 성공으로 가는

아름다운 길이다.

그 누구보다 열심히

수진이_이야기

항공과 면접에서 가장 자주 묻는 질문은 무엇일까? 항공사 공채 지원을 위해서는 토익점수가 필수이므로 공인된 어학점수 또는 토익점수가 있는지를 가장 많이 묻는다. 그와 함께 또 자주 하는 질문이 바로 지원동기이다. 왜 승무원이 되고 싶은지 또는 다른 대학이 아닌 왜 우리대학을 오고 싶은지 말이다.

지원동기 Tip

면접을 준비하는 대부분의 예승이들이 가장 중점적으로 준비하고 공들이는 첫 번째 답변은 자기소개이다. 하지만 실제 면접장에서는 자기소개보다는 지원동기를 묻는 질문을 더 자주 받을 것이다. 그러므로 면접을 준비할 때 지원동기에 대해서 공들여 준비하고, 또 내가 왜 승무원이 되고 싶은지에 대해 나를 들여다보는 진지한 시간을 가졌으면 좋겠다. 여기서 한 가지 팁을 준다면 면접관이 사적으로 "왜 승무원이 되고 싶어?"라고 물어봤을 때의 대답은 늘 비슷하다. "여행을 좋아해서요.", "세계 여러 나라 사람들을 만나고 싶어서요.", "많은 월급을 받아서요.", "사회적으로 인식이 좋은 직업이니까요." 등이다. 면접장에서 이런 답변을 했다면 절대 호감형 응시자라고 할 수 없다. 위의 대답들은 모두 내가 혜택을 받는 쪽이다. 대학이나 항공사에서 원하는 대답은 혜택을 받기 위한 것이 아니고, 승객들에게 주기 위해 승무원이 되고자함을 원한다. 이 점을 유념해서 지원동기를 작성한다면 분명 호감형 응시자가 될 수 있을 것이다.

수진이의 지원동기

수진이의 지원동기는 항공과 또는 항공사에서 원하는 형태의 지원동기였다. 이 지원동기는 인위적으로 호감형이 되기 위해 만들어진 지원동기가 아닌 진짜 수진이의 100% 실제 이야기이다. 초등학교 6학년 때 일본어의 매력에 푹 빠진 수진이는 "일본어와 관련된 직업은 무엇이 있을까?"라는 고민을 했고, 일본어 통역사가 되기로 마음을 먹었다. 수진이의 꿈을 응원해주셨던 부모님께서는 일본문화도 익히고 일본어도 자유롭게 쓰면 좋겠다는 생각에, 중2 여름방학 때 일본 홈스테이를 보내주셨다. 혼자 해외여행은 처음이라 설렘 반 두려움 반으로 공항에 갔고, 그때 이용했던 아시아나항공의 지상직 직원이 친절하게 수속에 대해 설명해줬었다. 그때까지만 해도 혼자 떠난다는 긴장감으로 아무 생각이 없었다. 부모님과 헤어져 출국 수속을 하고 게이트 앞에서 기다리는데 아까 친절하게 설명해준 지상직 직원분이 수진이를 향해 걸어왔다. 혼자 서 있는 수진이를 보고 "혼자 가는 거야? 입국신고서는 작성했니?" 이것저것 물어보면서 말동무도 해주고 직접 입국신고서도 작성해주셨다. 그리고 게이트가 열리고 수진이가 기내에 탑승할 때까지 그 자리에서 수진이를 지켜봐 주었다. 그 모습을 보고 '나도 저런 사람이 돼서 내가 받았던 도움을 다른 사람에게도 나누어 주어야지.'라고 생각했고 그날 이후 수진이의 꿈은 항공사 지상직 직원이 된 것이다.

내신과 면접 두 마리 토끼를 잡다

수진이의 고등학교 내신 평균은 2등급, 공부도 잘했기에 부모님과 담임선생님께서는 4년제 수도권에 있는 대학 입학을 권유하셨다. 하지만 수진이는 지상직 직원 교육이 특화된 I대 항공경영과 진학이라는 목표가 너무 뚜렷했으며 누구도 그걸 꺾을 수 없었다. 고2 여름방학에 토익 시험을 보고 여름방학이 끝날 무렵에 나의 멘티가 되어서 면접 준비를 시작하였다. 학교에서 선도부도 하고 임원도 맡아서 할 정도로 적극적이며, 무슨 일이든 열심히 하는 수진이의 성향은 면접 준비에서도 마찬가지였다. 면접 수업은 주말반을 듣고 평일에는 야간자율학습과 내신학원을 다니면서 2등급 성적을 그대로 유지하였다. 겨울부터는 주말에 내신학원과 승무원학원을 병행하는 힘든 스케줄이었지만, 누구보다 확고한 꿈과 목표를 지녔던 수진이는 내신 관리도 면접 준비도 포기할 수 없었다.

결국 꿈을 이루다

3학년 1학기까지 내신 관리를 잘 마무리한 수진이는 여름방학 때 정말 면접에 대한 열정으로 하루하루를 불태웠다. 학원은 등록 시기도 다르고 반도 다르기 때문에 학원을 수강하는 모든 친구들이 서로를 알 수는 없지만 고3 친구들 중에서 수진이를 모르는 친구는 없었다. 그 당시 고3 집중반은 주 6일 수업이 진행되었는데 정말 하루도 빠지지 않고 누구보다 열심히 수업도 듣고 스터디도 하였다. 그랬기에 수진이의 이름은 모르더라도 수진이의 인상착의를 설명하며 "완전 열심히 했던 친구."라고 말하면 "아! 누군지 알 거 같아요." 라고 다들 대답하였다. 결국 수진이의 집념과 노력이 그토록 원하던 I대 수시 1차 합격을 선물하였다.

연희쌤의 한마디

'노력했다고 누구나 성공할 수는 없다. 하지만 성공한 사람 중에 노력하지 않은 사람은 없다.'는 말이 있다. 성공하고 싶은 예승이라면 확률을 높였으면 좋겠다. 가끔 "학원을 다니면 I대에 합격할 수 있나요? 무조건 합격하나요?"라고 질문하는 친구들이 있다. 이럴 때 나의 대답은 언제나 단호하다. "아니." 그런데 왜 목돈을 내고 학원을 다녀야 할까? (물론 학원이 필수는 아니다.) 100% 합격의 확신은 없으나 합격의 확률은 분명 높아진다. 지금 합격의 확률이 7%라면 차근차근 하나하나 준비해나갈수록 합격 확률은 20%, 50%, 70%, 92%로 높아지는 것이다. 1지망 대학에 합격하고 싶은가? 유니폼을 입고 윙을 달고 하늘의 꽃이 되고 싶은가? 그렇다면 '안 될 거 같아요.'라는 겁쟁이 같은 생각은 버리고 지금 당장 시작하자. 그 시작이 무엇이라도 좋다. 여러분의 꿈을 위한 행동이라면 분명 성공의 확률을 높여줄 것이다.

활주로에 서 있는 당신
전속력으로 달려라.
달리다 보면 분명 날아오를 것이다.

항공사 체력검사

승무원은 체력이 매우 중요한 직업이다. 흔히들 승무원이 매우 말라야 된다고 생각하지만 오히려 너무 마른 지원자들은 공채 면접 시 체력과 관련된 질문을 많이 받는다. 또한 최종합격은 마지막 신체검사와 체력검사를 통과해야지만 가능하므로 지금부터 체력관리에 신경 쓰자.

◘ 대한항공

신체검사 항목	체력검사 항목
혈액검사, 혈압검사 ,소변검사, 고막검사 시력검사, X-RAY, 청력검사, 신장, 체중측정, 내과검진	• 악력테스트 : 30점 만점 • 눈감고 외발서기 : 120초 만점 • 윗몸 일으키기 : 30초에 18회 만점 • 사이클 : 5분간 속도 50유지 • 수영테스트 : 25m 완주 35초 만점 • 민첩성테스트 • 높이뛰기 • CYBEX(무릎 근력 및 질환 검사) • 유연성테스트

◘ 아시아나 항공

신체검사 항목	체력검사 항목
혈액검사, 혈압검사 ,소변검사, 고막검사 시력검사, 심전도, X-RAY, 청력검사, 신장, 체중측정, 색맹검사, 흉터검사, 내과검진, 발톱/평발검사	• 악력테스트 : 20 이상 합격 • 배근력 테스트 : 60 이상 합격 • 수영테스트 : 25m 완주 • 척추검사 • 유연성테스트 • 윗몸 일으키기

◘ 티웨이 항공

신체검사 항목	체력검사 항목
혈액검사, 혈압검사 ,소변검사, 고막검사 시력검사, 심전도, 흉부X-RAY, 청력검사, 신장,체중측정	• 악력테스트 • 배근력테스트 • 민첩성테스트 • 유연성테스트 • 윗몸 일으키기 • 수영테스트

◘ 진에어

신체검사 항목	체력검사 항목
혈액검사, 혈압검사 ,소변검사, 고막검사 시력검사, 심전도, 흉부X-RAY, 청력검사, 신장,체중측정	• 악력테스트 • 배근력테스트 • 눈감고 외발서기 • 민첩성테스트 • 유연성테스트 • 높이뛰기 • 사이클 • CYBEX(무릎 근력 및 질환 검사) • 수영테스트 없음*

◘ 제주 항공

신체검사 항목	체력검사 항목
혈액검사, 혈압검사 ,소변검사, 고막검사 시력검사, 심전도, X-RAY, 청력검사, 신장,체중측정	• 악력테스트 • 배근력테스트 • 민첩성테스트 • 유연성테스트 • 윗몸 일으키기 • 수영테스트 없음*

◘ 에어부산

신체검사 항목	체력검사 항목
혈액검사, 혈압검사 ,소변검사, 고막검사 시력검사, 심전도, 흉부X-RAY, 청력검사, 신장,체중측정, 흉터검사	• 악력테스트 • 유연성테스트 • 복부근지구력 • 복체근지구력 • 순발력테스트 • 수영테스트 : 1분이내 25m 완주

◘ 이스타 항공

신체검사 항목	체력검사 항목
혈액검사, 혈압검사 ,소변검사, 고막검사 시력검사, 심전도, 흉부X-RAY, 청력검사, 신장,체중측정	수영테스트를 포함하여 체력테스트는 실시하지 않는다. 하지만 승무원 교육기간에는 진행되므로 지금부터 꾸준히 연습하면 좋다.

항목들은 각 항공사 홈페이지를 참고하였으며 매년 체력검사 항목은 변동될 수 있으니 참고만 하자.

예승이들아 힘을 내자!

*어피 : 어피어런스(Apperarance)로 올바른 복장과 정돈된 헤어를 말합니다.

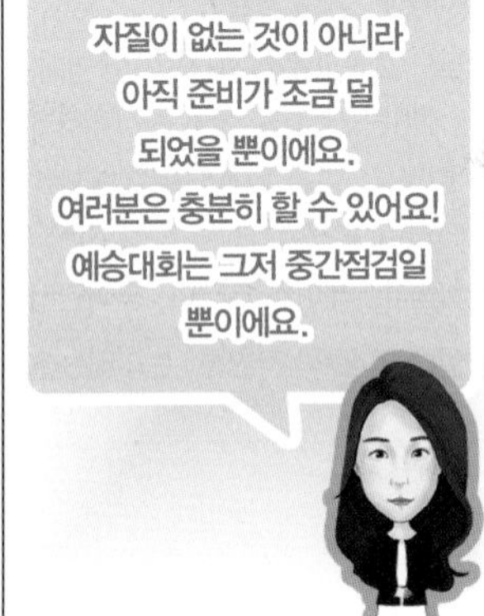

한서대학교 항공관광학과의 모든 것

주소 : 충청남도 서산시 해미면 한서1로 46번지 (우:356-706)

예승이들에게 가장 인기 있는 4년제 항공과 대학은 어디일까? 여러분이 생각하는 그곳, 한서대학교가 맞다. 매년 한서대학교 항공관광학과에 4년제 기준 가장 많은 예승이들이 지원하며 경쟁률도 최고이니 단연 인기 대학이라고 할 수 있다. 지피지기면 백전백승 지금부터 한서대학교 항공관광학과에 대해 알아보자.

교육목표

항공관광 근무자로서 전문지식 함양으로 현장적응력 배양
현장 적응력 향상을 위하여 4년 동안 체계적인 이론 교육 및 실무교육을 실시하여 서비스 현장 근무 시 곧바로 현장 투입이 가능한 전문 서비스 실무인력을 양성한다.

교육과정

학년	학기	교과목명
1학년	1학기	에티켓과 매너, 심리학의 이해, 캐빈 서비스
	2학기	상담 심리학, 관광학 원론, 이미지메이킹 1
2학년	1학기	관광영어실습 1, 이미지메이킹 2, 캐빈중국어실습, 호텔 경영론(2), 식음료서비스(2), 항공영어실습 1, AC구조와 시스템
	2학기	관광영어실습 2, 캐빈일어실습, 기내방송, 항공영어실습 2, 서비스 롤플레이1, 고객 행동론
3학년	1학기	여행사 경영론, 교과교육론(관광), 항공영어3, 이문화의 이해, 인터퍼스널, 서비스리더십, 서비스 기업경영론, 문화관광실무영어
	2학기	관광서비스 경영론, 교과교재연구및지도법, 항공영어실습 4, 서비스롤플레이2, 문화관광산업실무, 비서실무실습
4학년	1학기	산업체험장실습 1, 케이스 스터디, 영어인터뷰실습 2, 공항서비스실무
	2학기	산업체험장실습 2, 관광 자원론, 논리및논술지도, 영어인터뷰실습 2, CRM

면접 기출문제

- 한서대학교 항공관광학과에 들어오기 위해서 한 교내활동
- 친구 사이에서 중요한 덕목
- 봉사활동을 통해 배운 점
- 많은 사람들 중 좋아하는 사람의 유형
- 지원동기를 자신의 적성과 연관 지어 말하기
- 새해가 되면 어떤 계획을 세우고, 그 계획을 실천하기 위해 어떤 노력을 하는지
- 면접 준비하면서 힘들었던 점
- 어떤 부분에서 본인과 항공관광학과와 맞다고 생각하는지
- 독서를 통해 달라진 점
- 가장 행복했던 경험
- 대학 졸업 후 진로
- 학교생활 중 힘들었던 점
- 행복의 기준
- 면접 끝나고 가장 먼저 누구에게 연락할 건지
- 친구에게 받았던 선물 중 특별한 선물
- 미래의 꿈은 무엇이고 어떻게 준비할 것인지
- 본인이 배려가 있는 사람인지
- 항공관광학과에 지원하는데 가장 큰 영향을 미친 인물이나 사건
- 감명 깊게 읽은 책
- 본인이 추구하는 미래의 어머니 역할

취업현황

10학번	11학번	12학번
• 대한항공 : 10명 • 아시아나항공 : 13명 • 티웨이항공 : 1명 • 진에어 : 1명 • 제주항공 : 1명	• 대한항공 : 15명 • 아시아나항공 : 8명 • 진에어 : 3명	• 대한항공 : 8명 • 아시아나항공 : 17명 • 동방항공 : 2명 • 진에어 : 3명 • 베트남항공 : 1명 • 티웨이항공 : 1명

집에서 학원까지 7시간

수진이_이야기

'오랫동안 꿈을 그린 사람은 마침내 그 꿈을 닮아간다.' 내가 가장 좋아하는 명언이다. 그리고 예승이들이 가슴 깊이 새겼으면 하는 명언이기도 하다. 가끔 "저는 키가 작아서 안될 거 같아요.", "저는 승무원상이 아니라서 안될 거 같아요.", "저는 영어를 못해서 안될 거 같아요." 등 여러 가지 이유로 도전조차 해보지도 않고 포기하는 예승이들을 보면 마음이 너무 아프다.

포기가 아닌 도전을 선택하자

도전이 아닌 포기부터 배우고 그게 습관이 되어버린다면 스스로 만족하는 삶의 방향으로 나아가는 길과는 점점 멀어지는 길이라고 생각한다. 비록 내가 지금 부족하더라도 꿈을 꾸고 그 꿈을 계속 그려 나가다 보면 결국 그 꿈 근처에는 도착해 있을 것이다. '세상의 낮을 곳을 볼 줄 아는 사람'이 명언과 잘 어울리는 친구가 있다. 바로 포항소녀 수진이이다. 고등학교 1학년 때 이태석 신부님의 다큐멘터리 영화를 보면서 승무원을 꿈꾸었다고 한다. 그 영화를 보면서 세상의 낮은 곳을 보며 직접적인 도움의 손길을 주는 사람이 되고 싶다는 생각을 하였고, 낮은 세상을 보기 위해서는 스스로 세상을 더 넓게 볼 시야가 필요하고 많은 문화를 접하여 지금보다 더 편견 없이 살아가는 사람이 되고 싶다는 그 생각의 끝에 승무원이라는 직업이 있었다고 한다. 그렇게 승무원이라는 꿈을 정한 후 계속 든 고민이 바로 대학교 학과였다. 승무원이라는 꿈을 이루기 위해서 항공과가 더 맞을지 아니면 부모님과 학교선생님 말씀처럼 지방 국립대 어문과를 가야 할지가 항상 고민이었다.

수진이의 집은 포항

고2 겨울방학이 되자, 이제는 정말 진로를 정해야 한다는 압박감이 몰려왔고 그때 수진이가 내게 먼저 메시지를 보내왔다. 그렇게 수진이와 나의 인연은 시작되었다. 키 170cm에 또렷한 이목구비, 내신 2등급, 무엇이든 열심히 하는 적극적인 성격의 수진이는 누구보다 열심히 준비할 친구였고 준비만 잘 한다면 참 좋은 결과가 예상되는 친구이기도 했다. 수진이의 용기를 붙잡는 한 가지가 바로 먼 거리였다. 수진이의 집은 포항이었고 포항역이나 버스터미널에서도 1시간 정도 더 들어가기 때문에 학원을 다닐 용기를 쉽게 내지 못했다. 그나마 가장 가까운 거리가 대구였는데, 대구까지 주말마다 가는 거리도 만만치 않았다. 승무원 학원을 추천하지 않는 이야기도 여기저기서 듣다 보니, 시간만 하염없이 흘렀다.

야속하게 시간은 흘러 6월이 되었고, 수진이가 무언가 단단히 결심한 듯 연락이 왔다. 여름방학동안 단기반 수업을 듣고, 매일 있는 고3 집중반 수업까지 추가로 들으며 1달 동안 인천에 있는 고시원에서 지내기로 했다는 것이다. 그 결정을 하기까지 얼마나 많은 고민을 하고 부모님과 학교 담임선생님을 설득하였을지를 잘 알기에 따스하게 수진이를 맞아 주었다. 여름방학 1달 동안 수진이는 하루가 24시간인 게 아까운 사람처럼 알차게 하루하루를 보냈다. 고3 집중반 수업이 끝나면 같은 반 친구들과 스터디를 하고, 친구들이 모두 집에 간 뒤에도 혼자 남아서 답변 준비와 연습을 하며 밤이 되어서야 학원 문밖을 나갔다. 주말에는 단기반 수업 후 코엑스에서 열리는 입시박람회 또는 대학에서 개최하는 예비승무원대회를 참석하거나 친구들과 함께 희망하는 대학교 탐방을 하였다.

S대는 나의 운명

그런 다양한 활동을 하던 중 S대라는 운명의 대학을 만났다. 학원에서 열린 입시박람회에서 S대 교수님과 선배님을 만난 후, 너무 느낌이 좋아서 코엑스 입시박람회도 찾아가고 S대 선배들이 재능기부로 진행하는 멘토링도 참여하면서 본인이 정말 찾던 너무나 가고 싶은 대학을 만난 것이다. 한 달 고시원 생활을 마치고 포항으로 내려가던 날 수진이와 단둘이 밥을 먹었다. 내가 지금까지 유일하게 둘이 밥을 먹은 친구는 수진이 밖에 없다. 한 달 동안 부모님과 처음으로 떨어져서, 낯선 인천에서 그것도 좁은 고시원 방에서 지내면서 얼마나 고생을 하고 노력했었는지 잘 알기에 꼭 수진이에게 밥 한 끼 사주고 싶었다. 그날 이런저런 이야기를 하면서 수진이는 꼭 4년제 S대에 입학하고 싶다는 말을 했었고, 수진이의 간절한 꿈은 이루어졌다.

연희쌤의 **한마디**

겨울방학 때 수진이는 친구들과 함께 학원에 놀러 왔고 누구보다 밝았다. 그리고 S대 특강 때 재학생 대표로 온 수진이는 누구보다 빛났다. 수진이 집에서 학원까지는 7시간이 걸린다. 여름방학 한 달은 고시원에서, 개학 후 4주 동안은 매주 왕복 14시간이 걸리는 거리를 오가며 이를 악물고 면접 준비를 하였다. 사투리도 그렇고 학원도 멀고 여러 가지 이유로 어려우니까 단념하라는 담임선생님의 모진 말씀도 이겨내고, 귀한 딸을 혼자 멀리 보내는 부모님의 염려도 모두 이겨내고, 수진이는 S대 항공과라는 본인의 목표를 이루어 냈고 승무원이라는 꿈을 이루기 위해 누구보다 적극적으로 대학생활을 하고 있다. 수진이와 같은 의지라면 못해낼 건 없다. 지금 흔들리고 있다면 어서 마음을 다잡자. 여러분도 제2의 포항소녀 수진이가 될 수 있다.

그거 아니?

느린 거 같지만

넌 지금 꿈을 향해

조금씩 전진해가고 있어.

부모님 설득까지 1년

문경이_이야기

중 · 고등학교 시절만큼 어떤 사람이 되고 싶은지 무슨 일을 하고 싶은지 자주 생각하는 시절이 또 있을까? 생각이 많다 보니 꿈이 자주 바뀌는 경우도 있다. 나도 지금 생각하면, 믿어지지 않는 꿈이 몇 가지 있다. 수학선생님, 약사, 간호사, 연구원 등 여러 가지 꿈을 꾸다가, 조향사라는 꿈을 이루기 위해 화학과에 진학하였다. 변덕이 그리 심하지 않는 나도 '내가 무엇을 잘할 수 있을까?', '무엇을 할 때 행복 할까?'를 고민하다 보니 여러 가지 꿈을 꾸고 바꾸고를 반복하였다.

승무원만을 꿈꾼 고등학교 시절

문경이는 이런 나와는 반대되는 학창시절을 보냈다. 중3 때 정한 '승무원'이라는 꿈을 단 한 번도 바꾸지 않은 채 오직 한 길만 생각하였다. '영어를 좋아하고 여행도 좋아하는 내가 즐기면서 행복하게 할 수 있는 일은 무엇일까?'를 고민하다 '승무원'이라는 답을 찾았고, 그 답을 이루기 위해 오늘도 열심히 달리고 있다. 꿈을 확정 짓고 그 꿈을 위해 달려 나갈 수 있다는 것은 정말 큰 축복이자 행복이다. 하지만 문경이의 고등학교 학창시절이 마냥 행복하지만은 않았다.

문경이는 170cm의 큰 키에 날씬한 몸매, 하얀 피부에 예쁜 얼굴, 3등급 내신 성적, 승무원으로서는 모든 친구들이 부러워할 만한 자질을 많이 갖춘 친구이다. 하지만 문경이는 1지망인 항공과를 가기 위해서는 스스로가 부족한 점이 많으며 많은 준비와 노력이 필요하다는 것을 알았다. 스펙만 보았을 때 매우 좋은 조건인 문경이에게 과연 부족한 점은 무엇일까?

외모에 콤플렉스가 있는 예승이들에게 해주는 조언이 있다. 얼굴이 예쁘다고 키가 크고 날씬하다고 무조건 승무원이 되는 것은 아니다. 승무원 채용을 위한 면접이나 항공과 입시 면접이 미인대회는 아니라는 것이다. 항공사에서는 누구에게나 호감 가는 밝은 인상과 유연한 대처능력을 지닌 긍정적인 사람을 원한다. 승무원을 양성하는 항공과에서 원하는 인재상 또한 동일하다. 예쁘고 날씬하고 키도 큰 문경이었지만 밝고 예쁜 미소가 없었으며, 긍정적이고 명랑한 답변을 하기에는 너무 소극적이고 낯을 가리는 성격이었다.

1년 동안의 투쟁

문경이는 본인의 부족한 점을 누구보다 잘 알았기에, 부족한 점을 개선하기 위해 고2부터 학원을 다니길 간절히 원했다. 하지만 문경이 부모님의 생각은 많이 다르셨다. 부모님께서 생각하는 승무원 학원의 이미지는 내적인 부분의 발전과 연습보다는 외적인 부분에 치우친다고 생각하셨고, 괜히 학원을 다니면서 겉멋만 들고 공부에 손을 놓을까봐 반대하셨다. 부모님께서는 아무래도 문경이가 내신도 잘 관리하면서 토익점수까지 만들길 바라셨다. "이번 시험 잘 보면, 토익점수 몇 백 점만 넘으면 학원 보내줄게." 이런 조건을 계속 말씀하셨고, 그 약속이 매번 지켜지지 않자 고2 겨울방학 때 문경이는 결국 폭발하고 말았다. 부모님의 약속에 지칠 대로 지친 것이다. 이런 문경이를 2학년부터 쭉 지켜보던 나로서는 도와줄 방법도 없고 참 안타깝고 안쓰러웠다. 내가 해줄 수 있는 일은 그저 안부를 묻고 문경이가 하는 질문에 답해 줄 수밖에 없었다.

드디어 면접 준비 시작

그렇게 길고 깊은 오해와 싸움의 시간이 흘러, 드디어 부모님께서 문경이를 믿고 그토록 원하던 학원을 보내주셨다. 문경이가 면접 준비를 시작한 시기가 고3, 1학기 중간고사까지 마친 5월이었다. 성격을 바꾸고 미소를 만들고 이미지를 개선하는 데에는 꽤 오랜 시간이 필요하였고, 문경이 스스로도 그것을 알기에 본인을 채찍질하면서 정말 열심히 변하려고 노력하였다. 소극적인 친구가 학원 모델 2기까지 도전하는 모습을 보면서 문경이의 강한 의지를 다시 한번 느꼈다. 그렇게 집념의 문경이는 목표 대학이었던 B대학 항공과에 당당히 합격하였다.

겉멋만 들고 외모 꾸미기에 치중할까 봐 부모님은 문경이 마음을 아프게도 하고, 오해도 있었지만, 면접 준비 시작 후 문경이에게 가장 든든한 지원군이었다. 부모님과 대학 진학에 관한 문제로 갈등을 겪고 있다면, 화내지 말고 침묵하지도 말고 내가 얼마나 이 길을 가고 싶은지 얼마나 깊게 고민했는지 진지하게 말씀드리자. 대화가 힘들다면 편지도 좋은 방법이다. 여러분의 불행이나 실패를 원하는 부모님은 세상 어디에도 없다. 분명 나의 진심을 부모님께 전달한다면, 알아주시고 믿어주시는 날이 올 것이다.

너의 꿈을 소리 내어 외쳐.

메아리가 되어 다시 알려 줄 거야.

승무원들이 많이 받는 질문 BEST 3

예비승무원인 여러분은 하늘만 봐도 기분이 좋고 비행기만 보아도 설렐 것이다. 승무원 뒷모습만 봐도 가슴이 두근거리고, "제 꿈도 승무원입니다. 꼭 후배가 되겠습니다."라고 말하고 싶은 여러분의 마음을 누구보다 잘 안다. 그런 예승이들이 승무원에게 가장 궁금해하는 점을 정리했다.

Q 승무원들은 비행하는 동안 어디서 쉬나요? 휴식시간이 있나요?

A 승무원들이 보다 나은 서비스를 제공하려면, 휴식이 필수이다. 휴식 공간을 일명 '벙커'라고 한다. 모든 비행에서 휴식을 갖는 건 아니다. 8시간 이상의 장거리 비행에만 벙커를 이용한다. 비행에 탑승한 승무원이 12명이면, 6명씩 2개조로 나누어, 교대로 휴식을 취한다. 휴식시간은 두 번째 서비스 전까지, 잔여 비행시간을 고려해 서비스 계획에 맞게 이루어진다. 또 그날 비행 팀장의 재량에 따라 휴식시간이 조금 달라질 수 있다.

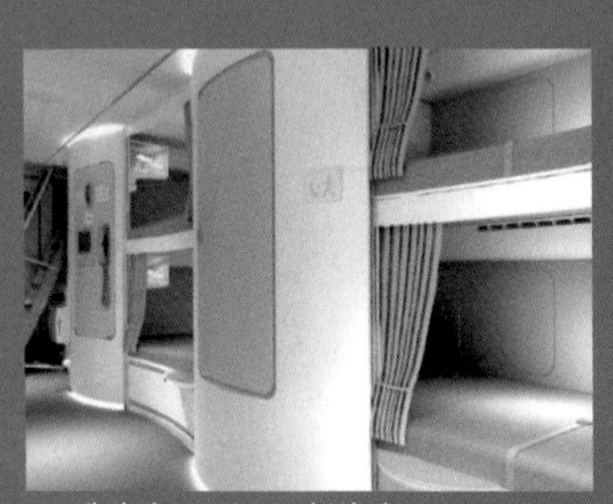

▲ 에어버스 A380의 벙커

▲ 보잉 B777의 벙커

Q 승무원들이 가장 선호하는 노선이나 취항지가 있나요?

A 승무원마다 선호하는 노선과 취항지가 다르지만, 대체적으로 휴양지인 하와이, 태국을 선호한다. 하와이는 장거리 노선인 것에 비해 비행시간이 짧고, 태국은 가깝기도 하지만 물가가 싸서 쇼핑하기 좋다. 휴양지를 선호하는 가장 큰 이유는 비행 후 현지에서 체류할 때 비행하는 동안 힘들었던 피로를 풀고 올 수 있기 때문이다. 반면 승무원들이 힘들어하는 노선도 있다. 많은 승무원들이 인도노선을 제일 힘들어하는 편이다. 가장 큰 이유는 문화적 차이 때문이다. 인도사람들은 짐을 옮기거나 할 때 하녀들이 옮기는 경우가 대부분이기 때문에 승무원들을 똑같이 생각하는 경우가 있다. 때문에 인도노선은 다른 노선에 비해 체력 소모가 많아 힘들어한다.

Q 승무원 유니폼 사이즈는 일반 기성복 사이즈와 다르다던데, 어떻게 다른가요?

A 대한항공의 경우에는 2차 임원면접부터 유니폼으로 환복을 한 후 면접이 진행된다. 단정하고 잘 맞는 유니폼 핏은 매우 중요한데, 유니폼은 기성복과 사이즈가 다르므로 미리 알아두자. 44 사이즈의 친구들은 블라우스와 치마를 2 사이즈를 착용한다. 4 사이즈는 블라우스 경우 44반, 치마의 경우 44반에서 55이다. 아래 표를 참고로 나에게 맞는 사이즈를 찾아보자. 대한항공 유니폼 사이즈를 꼭 기억해 두었다가, 환복 시 나의 피부색과 몸에 잘 맞는 유니폼을 선택해서 꼭 합격하여 꿈을 이루길 간절히 바란다.

블라우스	치마
2 사이즈 – 44	2 사이즈 – 44
4 사이즈 – 44반	4 사이즈 – 44반 ~ 55
6 사이즈 – 55	6 사이즈 – 55
8 사이즈 – 66	8 사이즈 – 66
10 사이즈 – 66반	10 사이즈 – 66반
12 사이즈 – 77	12 사이즈 – 77

예쁜 머리를 만드는 방법

– 셀프어피하기

준비물 : 실 머리망, U자 핀, 실핀, 고무줄, 빗, 헤어 스프레이

❶ 자신에게 맞는 형태로 가르마를 타고, 머리를 빗으로 단정하게 빗어 준다.

❷ 백콤(볼륨)을 넣을 앞머리 부분을 고무줄로 미리 묶는다.

❸ 뒷머리를 묶기 위해 고무줄 하나에 실핀 두 개를 끼워 준다.

❹ 실핀 하나를 머리에 고정시켜 준다.

❺ 본인의 머리숱에 맞게 고무줄을 돌려 준다.

❻ 남은 실핀을 끼우고 느슨하지 않게 묶어 준다.

❼ 단정하게 하기 위해 전체적으로 스프레이를 뿌리고 빗어 준다.

⑧ 묶은 앞머리를 풀고 백콤을 넣어주기 위해 앞머리를 네 등분으로 나눠 준다.

⑨ 나눠준 앞머리의 일부를 빗질을 뒤쪽으로 해준다.

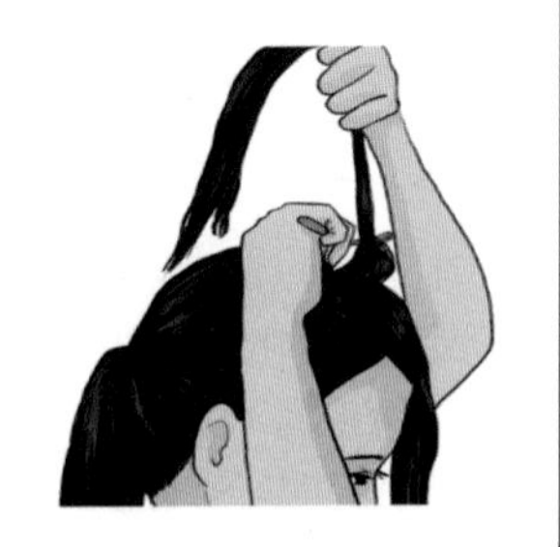

⑩ 스프레이를 뿌려 고정력을 높여 준다. 같은 방법으로 나머지 머리에 백콤을 넣어 준다.

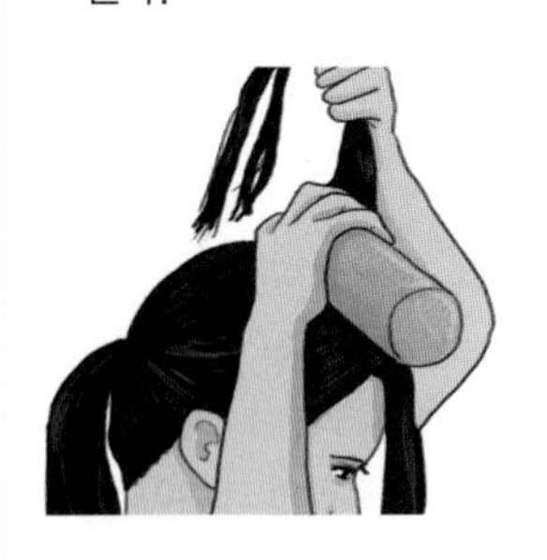

⑪ 마지막 부분은 백콤을 넣지 않고 뒤로 넘겨 준다.

⑫ 백콤을 넣은 앞머리와 뒷머리를 함께 묶어 준다.

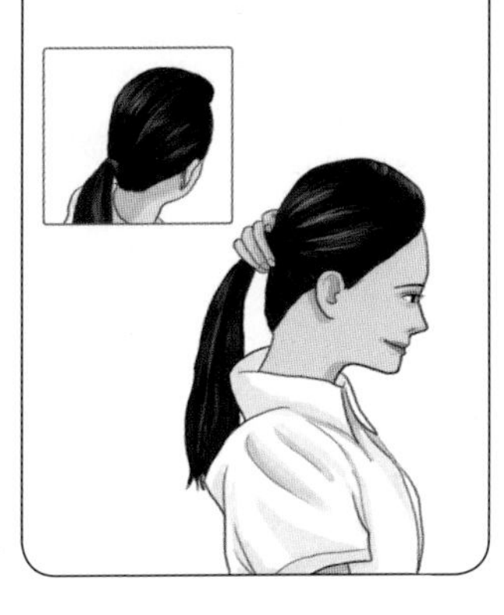

⑬ 전체적으로 고정할 수 있게 스프레이를 한번 더 뿌려 준다.

⑭ 실망으로 묶은 머리를 감싸 준다. (실망 끝에 U자 핀을 고정한 뒷 머리에 꽂은 다음 머리를 옆으로 해서 거울을 보며 실망으로 머리를 감싸 준다.)

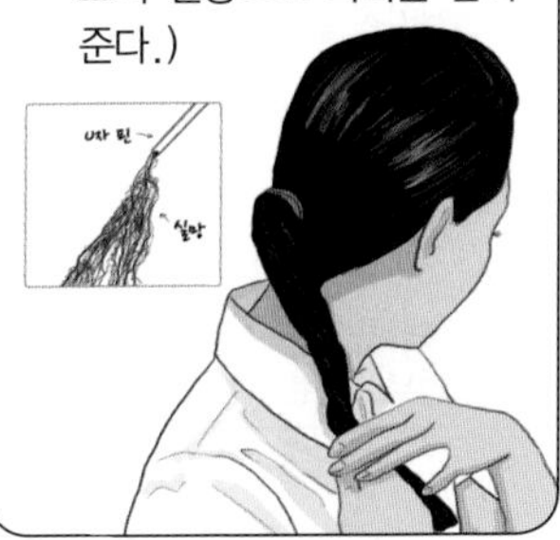

⑮ 실망으로 감싼 머리를 예쁘게 똬리 모양으로 만들어 준다. (풀리지 않게 여러 개의 U자 핀을 꽂아 머리를 고정시켜 준다.)

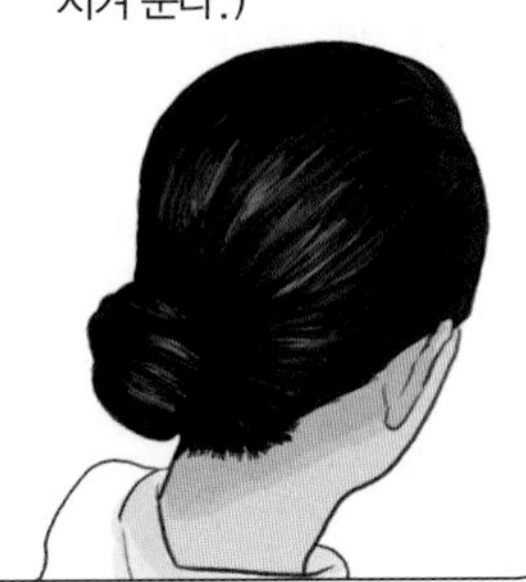

⑯ 스프레이를 뿌려 잔머리를 고정시키고 전체적으로 스타일링을 한다.

인하공업전문대학 항공운항과의 모든 것

주소 : 인천광역시 남구 인하로 100번지

예승이들에게 가장 인기 있는 2년제 항공과 대학은 여러분이 가장 가고 싶어 하는 그곳, 바로 인하공업전문대학이다. 1977년 개설된 인하공업전문대학 항공운항과는 수많은 승무원들을 배출하였으며 예승이들에겐 로망의 대학이다. 지금부터 인하공업전문대학 항공운항과에 대해 알아보자,

교육목표

- 다양한 이미지 연출과 서비스 기본예절 배양
- 항공객실 서비스 스킬과 서비스 정신 함양
- 이론과 실무를 접목한 체험학습 실시

산업 현장에서 고객 needs에 맞는 맞춤형 항공객실 여승무원 양성

교육과정

학년	학기	과목명
1학년	1학기	의사소통능력, 서비스마인드, 영문이해초급, 영어청취초급, 영어회화초급, 탑승환영 안내방송, 승객탑승 전 서비스실무, 승객탑승 및 이륙 전 서비스업무, 항공객실 일상안전관리, 이미지메이킹
	2학기	건강과 생활제육, 영문이해중급, 영어청취중급, 영어회화중급, 항공일본어기초, 항공중국어기초, 비행 중 기내 음료서비스, 비행 중 객실서비스 실무실습, 착륙 전 여객운송실무, 항공객실비상 안전관리, 착륙 후 기내안내방송, 면접실무, 항공객실 영어회화 중급, 객실승무관리업무
2학년	1학기	기업가정신, 항공객실 일본어회화, 항공객실 중국어회화, 항공객실 영어회화초급, 비행 중 기내식 서비스, 착륙 후 객실서비스 실무실습, 항공운항기술 규정업무, 면접실무실습, 승객하기 후 객실관리업무, 응급환자대처법, 객실고객관리업무
	2학기	취업과 직장생활, 정보능력, 대인관계능력, 인터뷰 영어, 국제문화이해, 시사경제, 객실승무관리업부, 객실서비스대화법
실습학기		비행 중 기내음료 서비스, 이미지메이킹, 면접실무, 응급환자 대처법, 비행 중 기내식 서비스, 기내 서비스 대화법, 객실 고객 관리 업무, 정보능력

면접 기출문제

- 자기소개
- 지원동기
- 승무원 장점, 단점
- 취미 또는 특기
- 출신 고등학교 소개
- 동물 비유
- 학교에 입학해서 배우고 싶은 것
- 서비스직 관련해 본인 장점 어필
- 존경하는 인물
- 인생의 멘토
- 가장 자신 있는 답변
- 본인의 매력
- 스트레스 해소법
- 최근 읽은 기사
- 주변에서 본인을 어떻게 생각하는지
- 타인에게 배려 받았던 경험
- 자신의 가치관과 인하공업전문대학 항공운항과를 엮어서 지원동기
- 세대 차이를 느꼈던 경험과 그에 대한 자신의 생각
- 최악의 서비스
- 친구가 악의적으로 한 것은 아니지만 나한테 피해가 갔다면 참을 것인지 아닌지
- 우정, 학업, 특별 활동 중 가장 중요하다고 생각하는 것
- 코로나19로 4차 산업 혁명이 촉진되었는데 이것이 서비스에 어떤 영향을 끼치는지

취업현황

졸업 연도	2016년	2017년	2018년
대한항공	98명	49명	50명
국내&외국항공사	10명	11명	24명
일반직	31명	46명	17명
총 취업인원	161명	133명	172명

간절함이 이룬 꿈

애민이_이야기

'과거가 바뀌면 미래가 바뀐다.' 한 드라마에서 나온 명대사이다. 여러 예승이들을 만나고 지켜보면서 자꾸 곱씹게 되는 말이다. 인생은 늘 선택의 연속이다. 그렇기에 후회가 덜 남는 쪽을 선택하라고 늘 예승이들에게 조언하곤 한다. 어떤 상황의 선택이 미래를 바꿀 수도 있다고 생각하면, 늘 신중하려 노력한다.

우리는 만날 운명

언제 생각해도 애민이와 나의 만남 또한 정말 신기하다. 순천에 사는 애민이를 처음 만난 건 고3, 6월이었다. 애민이 오빠는 인천 I대 재학생이었고 방학 때 오빠가 사는 인천에서 지내면서 학원을 다닐 계획을 갖고 있었다. 오빠와 함께 인천에 있는 승무원 학원을 모두 알아보았고, 단기반을 추천했던 우리 학원보다는 다른 학원이 본인에게 더 도움이 된다고 판단한 뒤, "죄송해요 쌤. 친절하게 설명해 주셔서 감사합니다."라는 인사를 남기고 연락이 끊겼다. 보통의 친구들처럼 우리 인연은 거기까지일 줄 알았다. 하지만 애민이와 나의 인연은 거기까지가 아니었다. 6월 말쯤 다시 애민이에게 연락이 왔다. 애민이 부모님께서 여름방학부터 단기반으로 학원을 다니라고 허락을 받은 것이다. 그렇게 인연은 다시 이어져, 7월 여름방학부터 애민이는 나의 멘티가 되었다.

애민이는 언제부터 승무원을 꿈꾸었을까? 애민이는 고1 겨울방학 전까지는 막연하지만 서비스 관련직을 하고 싶다는 생각만 했었다. 고1 겨울방학 때 I대 재학생인 오빠가 순천으로 내려왔고, 오빠로부터 I대 항공과에 대해서 듣고 난 뒤 항공과와 승무원에 대한 정보를 찾아보기 시작했다. 승무원에 관련된 정보를 찾아보고 직업체험이나 학과체험을 접할수록 승무원이라는 직업의 매력에 푹 빠진 뒤 단단한 꿈이 되어버렸고, I대 항공과 진학을 목표로 정했다.

너무 먼 물리적 거리

애민이처럼 수도권과 떨어진 지역의 친구들은 지역적 스트레스를 굉장히 많이 받는다. 승무원 관련 체험, 예비승무원대회, 입시박람회, 학과 설명회 등의 혜택을 수도권 지역의 친구들에 비해 더 못 받는 건 사실이다. 하물며 집에서 학원까지 거리도 멀기에, 더 부족할 거 같고 준비를 제대로 하지 못한다는 소외감을 많이 느낀다. 여름방학 1달 동안 인천에서 지내면서 단기반 수업과 고3 집중반 수업을 병행했던 애민이는 늦게 시작한 만큼 최선을 다했으며, 그토록 하고 싶었던 면접 준비를 했기 때문에 누구보다 밝고 즐거워 보였다. 그런 애민이가 흔들리기 시작한 건 개학을 한 8월 말부터였다. 거의 매일 나오던 학원도 주말에만 오고, 친구들과도 쌤들과도 물리적 거리가 멀어지다 보니 무언가 모를 불안감이 생겼던 거 같다.

커지는 부담감에 그저 눈물만

10월, 어김없이 면접은 시작되었고 I대 면접을 보고 온 애민이가 반갑게 학원에 놀러 왔다. 면접을 마치고 온 대부분의 멘티들이 그러하듯이 애민이 또한 아쉬움이 많이 남는 표정이었다. 그때 나는 "수시 2차라는 두 번째 기회도 있으니 너무 조급하게 생각하지 말자."라는 이야기밖에 해줄 수가 없었다. 애민이의 키는 160cm 초반, 내신 5등급, 면접 준비는 여름방학부터 시작, 아직은 어색한 사투리 말투 등 불안한 요소들이 많았다. 거기에 애민이 부모님께서는 오빠와 같은 대학인 I대가 아닌 이상 막내딸을 굳이 먼 지역까지 보내지는 않겠다는 생각이 크셨다. 그렇기에 애민이의 부담은 더 클 수 밖에 없었다. 수시 1차 모두 불합격이라는 결과 후 엉엉 울면서 학원에 전화를 한 적이 있다. 얼마나 답답하고 불안하고 서러울까라는 생각을 하니 마음이 참 아팠던 날이다.

그래도 애민이는 멘탈이 강한 친구였다. 그 모든 압박감과 부담감을 이겨내고 멀리서도 면접 연습을 꾸준히 하였고 11월 수시 2차까지 무사히 마쳤다. 그리고 I대 수시 2차 발표 날 애민이는 또 한 번 뜨거운 눈물을 흘렸다. 슬픔의 눈물이 아닌 합격이라는 기쁨의 눈물이었다. 그렇게 나의 멘티, 애민이는 간절히 원하던 대학에 입학하여 학과 반대표도 맡으면서, 즐거운 대학생활을 보냈다.

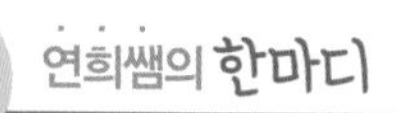

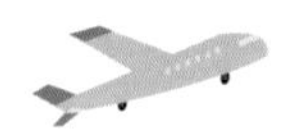

키가 작아서, 내신이 낮아서, 지방에 살아서 등 여러 이유로 도전도 제대로 하지 않고 포기하는 친구들이 있다. 도전하지 않는다면 이루어 낼 수 있는 것은 결국 아무것도 없다. 실패를 두려워하지 않았으면 좋겠다. 실패가 두려워 시작조차 못한다면 성공이라는 달콤한 열매를 맛보는 날은 영원히 오지 않을 것이다. 만약 애민이가 난관에 부딪쳤을 때, '내가 학원을 다니려는 이 중요한 순간에 왜 이래. 나는 항공과를 준비할 운명이 아닌가 봐.'라는 부정적 생각을 하고 포기했다면, 지금 애민이는 어떤 모습일까? 지금의 애민이는 없을 것이다. 과거를 회상했을 때 후회가 남지 않도록 오늘을 살자.

지금의 힘든 시기를 견뎌내면

네가 기다리던 문이 열릴 것이다.

Dreams come true

토익 940점이면 다 될 줄 알았어!

소원이_이야기

"면접 준비는 언제부터 시작하면 되나요?" 예승이들이 가장 궁금해 하는 질문 중 하나이다. 승무원이라는 꿈을 확정 지었고 특히 항공과 진학을 목표로 확정 지었다면, '지금 당장' 시작하라고 말하고 싶다. 지금 당장 학원을 등록하라는 이야기가 아니다. 많은 친구들이 면접 준비라고 하면 무언가 거창한 걸 생각하고, 면접 준비를 시작하면 나머지 다른 것들은 아무것도 못 한다는 오해를 많이 한다. 면접 준비를 하면서도 내신 관리를 충분히 할 수 있고, 토익 준비를 할 수도 있다. 그게 가능하며 사실은 그렇게 해야 한다.

고3 9월부터 시작한 면접 준비

소원이도 비슷한 오해를 했었던 예승이이다. 실제로 그 오해 때문에 고3 여름방학이 다 지나도록 면접 준비는 시작도 못 하고, 면접을 1달 앞둔 9월부터 면접 준비를 시작하였다. 고3 여름방학 또는 그보다 조금 늦게 면접 준비를 시작하는 대부분의 친구들은, 승무원 동아리나 스터디 또는 혼자서 면접 준비를 하다가 불안하고 이게 맞는지 걱정되는 마음으로 전문 선생님의 도움을 요청하는 경우가 많다. 하지만 소원이는 안타깝게도 면접에 관한 어떠한 준비도 하지 않은 채, 고3의 8월까지 시간을 보냈다. 그렇다고 소원이가 불성실한 학생은 절대 아니었다. 그럼 과연 소원이는 무엇 때문에 아무런 면접 준비도 못 했을까?

토익 공부에 전념

많은 학생들이 그러하듯이 3학년 1학기까지는 학교생활과 내신에 충실하였다. 그렇게 고3 중간고사까지 모두 마친 소원이의 내신등급은 4등급이었다. 낮은 내신 등급도 아니지만 그렇다고 높은 내신등급도 아닌 게 사실이다. 중학교 3학년 때 승무원이라는 꿈을 정하고 고1부터 진로체험이나 학교 특강 등을 통해 항공과 진학을 목표로 한 소원이의 절실한 목표는 I대 항공과 입학이었다. 모든 예승이들이 가장 희망하는 I대 항공과를 입학하기에는 본인의 내신 등급과 면접 준비 등 여러 가지 부분이 부족하다고 느낀 소원이가 선택한 돌파구는 토익이었다. 그렇게 고3, 5월부터 소원이는 토익 공부에 집중하였다. 3개월 동안 토익학원을 다니면서 토익에 전념하였고 8월 첫 토익 시험에서 상당히 고득점인 810점을 받았다. 소원이는 이처럼 집념과 목표의식이 강한 친구였다. 8월 말 첫 토익 시험까지 뒤도 옆도 돌아보지 않고 토익에 몰두했던 소원이에게 마지막 걱정이 하나 남았다. 바로 면접 준비이다. 본인이 목표하는 점수를 어느 정도 이루고 나니 60%를 차지하는 면접이 걱정되기 시작했다고 한다.

좌절된 I대 항공과 입학

면접에 집중하겠다는 굳은 다짐으로 날 찾아왔다. 지금 돌이켜보면 소원이가 처음 상담을 왔을 때 나에게 꽤 서운했을 수도 있겠다는 생각이 든다. 소원이의 첫 느낌을 한 단어로 표현하면 '안타까움' 그 자체였다. 키 168cm, 팔다리도 길고 날씬하며 예쁜 얼굴이었다. 내신도 예승이들의 평균 등급인 4등급, 무조건 I대만을 목표로 하겠다는 친구가 고3, 8월 말에 면접 준비를 처음 시작하겠다고 왔으니 그저 안타까울 수밖에 없었다. 면접 준비는 소원이의 생각처럼 1~2달 만에 속전속결로 되는 것이 아니다. 가능성은 충분히 높았지만, 준비가 매우 늦은 친구가 지금 가지고 있는 느긋한 생각까지 그대로 가져간다면 나중에 후회가 남을 결과가 생길까 봐, 객관적으로 단호하게 이야기해 주었던 기억이 난다.

"I대 항공과를 언어 특기자 전형으로 쓰기에, 토익 810점은 절대 높은 점수가 아니야."

"예쁘지만 인상이 사나운 편이라서, 미소 연습을 하지 않으면 호감 가는 응시자는 되기 어려워."

"면접은 키 크고 날씬하고 예쁜 사람을 뽑는 게 아니야." 등 모진 현실적 조언들을 해주었다.

목표의식이 뚜렷한 소원이는 그 모진 조언들을 다 받아들였고 정말 누구보다 열심히 면접 준비에 전념하였으며 습득력 또한 놀랍도록 빨랐다. 하루하루 면접 준비에 최선을 다하면서, 이를 악물고 토익 공부까지 하여 10월 토익 시험에서는 940점을 받았다. 수시 1차는 토익점수도 면접 준비도 본인 스스로 생각해도 부족했기에 마음을 비웠지만, 수시 2차는 I대 합격의 기대가 매우 컸다. 나 또한 수시 2차는 충분히 기대해도 좋다고 마음속으로 생각하였지만 역시 I대는 I대였다. 그렇게 3년 동안 I대 항공과를 목표로 준비했던 소원이의 목표는 좌절되었다.

연희쌤의 한마디

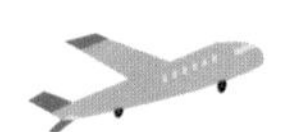

말은 안했지만 소원이는 아마도 I대 불합격 결과를 확인하고 펑펑 울었을 것이다. 어떻게 그리 확신을 하냐고 묻는다면 너무나도 아쉬움이 남았을 것이기 때문이다. 모든 걸 다 해본 친구들은 대부분 기대에 못 미치는 결과가 나오더라도 "그래도 후련해요."라는 말을 한다. 하지만 소원이처럼 더 잘할 수 있을 거 같은데 시간이 부족했던 친구들은 할 수 있는 모든 걸 해보았던 친구보다 아쉬움과 미련이 많이 남을 수밖에 없다. 그렇다고 소원이가 슬픔에 빠져 울고만 있었던 건 절대 아니다. 준비를 열심히 한 소원이는 B대 항공과에 합격했다. 항공과를 준비하는 예승이라면 소원이와 같은 후회가 남지 않도록 두 마리 토끼를 모두 잡자! 가능하다면 세 마리의 토끼를 잡으면 더 좋다. 첫 번째 토끼인 내신 성적, 두 번째 토끼 면접 준비, 세 번째 토끼인 토익. 이 세 마리의 토끼를 모두 잡은 예승이라면, 수시 결과가 발표 나는 날 분명 웃을 수 있을 것이다.

태양을 향해 걸으며, 뜨거운 열정을 불태울 것인가?

태양을 등진 그림자를 따라, 어둠을 걸어 갈 것인가?

기내 롤플레이 상황 대처

승무원에게 꼭 필요한 자질 중 하나는 유연한 대처 능력이다. 때문에 공채 면접 시는 물론이며 예승이들의 꿈의 대학 인하공업전문대학 항공운항과 면접 시에도 기내에서 이런 상황이 벌어지면 어떻게 대처할 건지 묻는 경우가 있다. 기내 롤플레이 상황 대처를 함께 알아보자.

Q 장거리 비행에 오랫동안 담배를 못 펴서 금단현상이 오니, 한 번만 흡연하겠다는 손님이 있는 경우 어떻게 대처하겠는가?

A 먼저 "장거리 비행이라 많이 힘드시지요?"라며 승객을 이해하는 멘트를 할 것이다. 그 후 기내에서는 화재의 우려와 다른 승객들의 간접흡연에 의한 피해 때문에 흡연이 금지되어 있다는 점을 말씀 드리고 "00시간 후면 도착이니 조금만 더 참아주시면 감사하겠습니다."라며 협조 요청을 할 것이다. 또한, 음료나 스낵을 제공하여 흡연에 대한 욕구를 자제하실 수 있도록 도움을 드릴 것이다. 마지막으로 동료들에게 알려서 부주의로 인해 기내 흡연 상황이 발생하지 않도록 더 주의를 기울일 것을 당부하겠다.

Q 기내에서 아이가 시끄럽다며 옆자리 승객이 컴플레인(항의) 한다면?

A 먼저 컴플레인을 한 승객께 죄송하다고 사과를 한 뒤, 이어플러그를 제공하는 등 승객분의 기분이 상하지 않도록 서비스에 더 신경 쓸 것이고, 만약 다른 좌석이 비었을 경우 좌석으로 옮겨드린다. 또 아이에게 엽서를 주며 "여기에 그림 그리고 놀까?"라고 관심을 끌고 아이에게 음료와 과자를 더 제공하겠다. 이후에도 아이가 계속 시끄럽게 한다면, 아이 부모님께 조용히 시켜달라고 정중하게 말씀드리겠다.

Q 승객이 항공사에서 제공하지 않는 음료를 요청한다면 어떻게 대처하겠는가?

A 우선 원하시는 음료를 제공해 드리지 못하는 부분에 대해서 정중히 사과 말씀을 드리겠다. 그런 다음 준비된 다른 음료들을 설명하고 권해 드릴 것이다. 원하시는 바를 제공받지 못하셨기 때문에, 추후에 또 다른 불편함은 없으신지 더욱 살피고 신경 쓰겠다.

Q 일반석 승객이 비즈니스석으로 자리를 옮겨 달라고 한다면 어떻게 대처하겠는가?

A 우선 왜 비즈니스석으로 옮기길 원하는지 이유를 경청하고, 그 이유에 따라 대안을 제시하겠다. 일반석 좌석에 대한 불편함을 호소하면 여분의 배게, 담요 등을 더 제공해 드려 조금이라도 편안한 좌석으로 만들어 주고, 만약 같은 이코노미석에서 더 편한 자리가 비어있다면 자리를 옮길 수 있도록 도와드리겠다. 그밖에 다른 이유가 있다면 사무장에게 보고를 하고, 사무장의 조치에 따르도록 하겠다.

Q 담요를 하나 가져가고 싶다는 승객분이 있다면?

A "고객님 정말 드리고 싶지만, 담요는 기내 비치품으로 기내에서만 사용하실 수 있습니다."라고 규정상 안 된다고 정중하게 말씀을 드릴 것이다. 구입을 원하는 승객이라면 "00항공 인터넷 로고샵에서 구입하실 수 있습니다."라고 말씀드리고, 별도 기념품을 원하시는 승객이라면 볼펜과 플레잉 카드를 드리고 싶은데 어떠신지 여쭤볼 것이다.

Q 승객이 멀미가 난다고 할 경우 어떻게 대처할 것인가?

A 먼저 약에 대한 알레르기가 있는지를 확인할 것이다. 약 알레르기가 없다면 약과 물수건을 챙겨드리고, 만약 약 알레르기가 있다면 찬 물수건만 준비해 드릴 것이다. 또한 승객 상태를 자주 체크해 괜찮은지를 확인할 것이다.

Q 승객이 탑승 시 항공권 확인을 왜 이렇게 많이 하냐고 불만을 표시한다면 어떻게 대처하겠는가?

A 승객께 불편함을 드린 점에 대해 정중히 사과드린다. 그리고 혹시라도 비행 날짜가 다르거나 다른 항공기에 탑승한 승객이 있는지 등을 파악하기 위함이라고 설명하며 협조를 구하겠다. 그리고 상냥한 말투와 미소로 협조해 주신 것에 대해 감사 인사를 드리고, 비행하는 동안 다른 불편함이 없도록 더욱 주의하고 신경을 쓸 것이다.

Q 승객이 아이와 함께 조종실을 구경하고 싶다고 부탁한다면 어떻게 대처하겠는가?

A 조종실은 안전과 보안의 이유로, 항공법상 출입 허가인 외에 출입이 통제되는 곳이라고 정중한 태도로 말하며 이해를 도울 것이다. 또한 서운한 마음이 오래가지 않도록 기내에 마련되어 있는 기념품이나 스낵 등을 제공하고, 부족함이 느껴지지 않도록 세심하게 서비스를 제공할 것이다.

Dreams come true

Know How

예쁜 미소를 만드는 방법

– 승무원 미소 짓기

❶ 눈썹을 최대한 위로 올려 준다.

❷ 양쪽 눈을 여러 번 윙크 해 준다.

❸ 왼쪽 볼에 바람을 넣어 얼굴 근육을 부풀려 준다.

❹ 오른쪽 볼도 왼쪽과 같은 방법으로 바람을 넣어 교차하여 얼굴 근육을 부풀려 준다.

❺ 입안의 양쪽에 최대한 바람을 넣어 양쪽 볼을 빵빵하게 만들어 준다.

❻ 그리고 입을 최대한 앞으로 쭈욱 내밀어 준다.

❼ 입안의 바람을 뺀 뒤 입꼬리에 힘을 줘 위로 당겨 "위스키"를 발음하며 웃음을 10초간 유지한다.

항공과 영어 지문 읽기

요즘 2년제 항공과 대학은 면접 시 대부분 영어 지문을 읽는 추세다. 영어를 잘하지 못하는 예승이라도 너무 두려워할 필요는 없다. 영어 지문 읽기는 대부분 기내방송 위주이거나 미리 홈페이지에 영어 지문을 공지하는 대학도 있으므로 연습을 통해서 충분히 자신감을 키울 수 있다. 다음은 대학별 일부 영어 지문이므로 틈틈이 연습을 해보자.

연성대학교 영어 지문

1. I'd like to inform you about our Sky Pass which offers various bonuses. We welcome our passengers to the most convenient frequent flyer program called 'SKYPASS'.
2. To prepare for departure, please fasten your seat belt and return your seat and tray table to the upright position. We also ask you to turn off all mobile phones as they can interfere with the aircraft's navigational system.
3. Due to different cabin conditions, drinking too much alcoholic beverages in the air affects your body more seriously than on the ground. And, please let me know what you want to buy before you take a rest.
4. It is Bibimbap. It consists of rice, vegetables, sesame oil and hot pepper paste mixed together. If you don't like spicy food, you can eat it without the hot paste.
5. All passengers including transit passengers must fill out the customs form. And,our in-flight magazine has more detailed information on the movie program.
6. Would you please close the window shades? We will be starting the movie shortly. I'm really sorry but I'm afraid the sound system in this seat is out of order.

부천대 영어 지문

1. May I have your attention, please? Passengers for British Airways Flight 205 bound for Prague, please go through check-in and check luggage at check-in counter. Thank you.

2. May I have your attention, please? This is the final call for Flight BA 205 to London. All remaining passengers who have finished check-in at the counter, please get on board immediately through the security check in the departure lounge.

3. Would you care for something to drink? Juice, coke, whisky, beer, cognac, vodka and various cocktails are available. We can make your favorite cocktail if you like.

4. A: Qantas Airways. May I help you?
   B: How can I reserve a ticket to NY?
   A: Please call 246-9800 for airline reservations.
   B: Thank you very much.

5. Seat reservation service is available from 30 days to 2 hours before departure of Korean domestic flights, from 328 days to 2 hours before departure of international flights.

6. Asiana Club is a program that provides special benefits and premium services to regular customers of Asiana Airlines. You may join Asiana Club at our website, www. flyasiana. com.

센다이 비행에서 진실의 순간(MOT)*을 만나다

승무원 시절의 김다은 선생님

입사를 하고 얼마 되지 않아 있었던 이야기이다. 나는 일본 센다이를 향하는 비행기의 이코노미석을 담당하는 승무원으로 근무 중이었다. 기내식을 제공한 뒤 손님들께서 필요한 것은 없는지를 살피며 기내 복도를 걷던 중, 막내 승무원이 놓쳤던 장애인 손님이 계셨다.

오른팔이 없는 일본인이었는데 아내가 옆에서 천천히 한 수저씩 기내식을 먹여주고 있었다. 시종일관 부드럽게 웃는 남편과 자신의 기내식은 그대로 둔 채 사랑이 가득한 눈빛으로 남편의 식사를 돕는 아내, 정말 아름다웠다. 나도 모르게 다가가서 도울 것은 없는지 일본어로 아내분께 여쭤보았는데, "전 일본어를 몰라요."라고 수줍게 말씀하셨다. 한국분이셨다. 잠시 이런저런 이야기를 나누다가 일본인 남편을 만나서 시집온 지 얼마 안 됐는데, 잠깐 한국에 들렀다며, 또 언제 한국을 방문할지 잘 모르겠지만 그리울 것 같다는 이야기를 듣게 되었다. 나는 두 분이 식사를 모두 마칠 때까지 도와드리고는, 내리기 전에 기내에 실려 있는 한국의 명소가 이곳저곳이 나와 있는 엽서를 드렸다. 그리고 지금처럼 행복하시길 정말 바란다는 말씀도 함께 드렸다. 비행기가 센다이에 도착하고, 나는 내리시는 손님들께 인사를 드렸다. 그런데 그 여자분께서 고맙다며 내 손에 냅킨을 꼭 쥐여주고 가셨다.

학생들과 함께

냅킨을 열어보니,

"오늘 큰 친절에 정말 감사했어요. 꼭 한번 저희 집에 초대하고 싶어요. 연락 꼭 주세요. 전화번호 *****, 주소 *****."

내가 오히려 부끄러웠다. '내가 진짜면 상대도 진짜로 느끼는 진정성'이라는 단어가 생각났기 때문이다. '나는 얼마나 진짜 친절과 미소를 지으며 비행을 했을까?' 손님들이 느끼는 감동은 대단한 것에 있지 않았다. 그저 내가 진심이면 되는 거였다. 비행을 하며 해가 갈수록 일은 더 손에 익어 빨라졌지만 웃는 척, 돕는 척하는 내 모습 또한 더 많아졌다. 그럴 때마다 종종 그때 냅킨을 떠올리며 마음을 다지곤 했었다.

*진실의 순간(MOT, the Moment Of Truth)
서비스 품질관리에 있어서 MOT란 고객이 조직의 어떤 일면과 접촉하는 접점으로써, 서비스를 제공하는 조직과 그 품질에 대하여 어떤 인상을 받는 순간이나 사상을 말한다.

'첫눈', '첫사랑' 등 처음이 주는 설렘과 임팩트(Impact)는 크다. 하지만 때때로 '처음이라는 것'은 기억과 미련이 많이 남기도 한다. 처음으로 꿈꾸었던 직업을 여러 가지 이유로 포기하거나 바뀌는 경우, 꽤 많은 친구들이 혼란과 방황의 시기를 겪는다. 첫 꿈은 비록 승무원이 아니었지만 마지막 꿈은 승무원이라는 마음으로, 열정 가득 꿈을 향해 달려 나가는 예비승무원들을 만나보자.

Chapter 04

새로운 꿈을 꾸다

Dreams come true

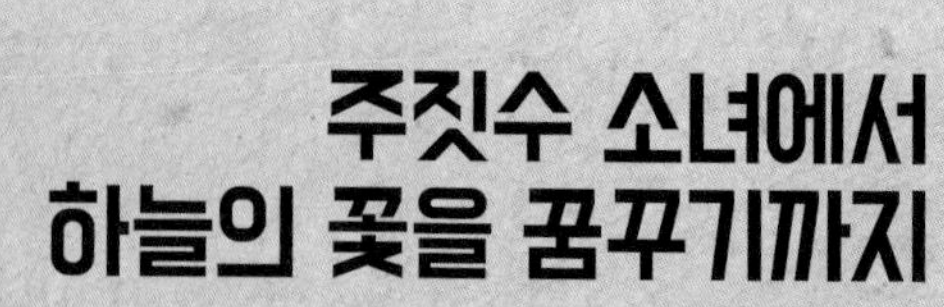

주짓수 소녀에서 하늘의 꿈을 꿈꾸기까지

수연이_이야기

유도 1단, 태권도 1단, 쿵푸, 주짓수까지 못하는 운동이 없는 이 학생은 과연 남학생일까? 여학생일까? 운동 없이 못 사는 이 학생은 눈이 크고 예쁘게 생긴 여학생이다. 어렸을 때부터 여동생과 아버님과 함께 안 해본 운동이 없다고 한다. 재능을 찾기 위해 초등학생 때는 피겨와 발레도 배웠고, 자연스레 수연이의 꿈은 초등학교부터 여형사였다고 한다. 고3 봄까지 여형사의 꿈은 단 한 번도 바뀐 적이 없었다. 그야말로 운동만 하면서 멋진 여형사를 꿈꾸던 수연이에게 과연 무슨 일이 생긴 걸까?

오랫동안 꿈꾼 직업에 대한 두려움

막상 고3이 되고 진지하게 대학 학과를 고민해야 할 시기가 오니까 부모님의 반대가 있었다. 그동안은 아버지께서도 운동을 좋아하시고 체력 관리하는 건 좋지만 설마 정말 형사를 한다고 할까 반신반의했는데, 귀한 맏딸이 정말로 형사를 한다고 하니 반대를 하셨다고 한다. 부모님께서 반대를 하니 정말 위험하면 어쩌지 하는 불안감이 커지면서, 내가 할 수 있는 일이 뭐가 있을까를 생각하며 다른 직업에 눈을 돌리게 되었다고 한다. 그러던 중 같은 반에 승무원을 준비하는 친구가 있었고, 친구의 권유로 설명회도 듣고 전직 승무원선생님의 상담도 받으면서 승무원이라는 직업에 매력을 느꼈고 해보고 싶다는 욕심이 들었다.

면접 준비도 운동처럼 열심히

그렇게 6월부터 학원을 다니면서 본격적인 면접 준비를 시작했고 살과의 전쟁도 시작되었다. 운동을 했던 끈기 때문인지 다이어트도 엄청 열심히 했고 성과도 좋았다. 면접이 시작되는 가을에는 처음 학원에 올 때보다 13kg 정도 감량을 했다. 원래도 예쁘장했던 수연이는 살이 쏙 빠지면서 턱도 브이라인이 되고 눈도 커지면서, 주짓수를 즐겨하는 운동소녀보다는 면접복이 어울리는 예승이가 되었다. 예뻐진 모습과 노력하는 태도가 빛나서, 학원 모델 1기로 발탁되어 모델 사진도 찍었다. 모델 촬영이 있던 날 고3 학생들 중에 수연이는 유난히 들떠 보였다. 지금 생각해보면 늘 운동복에 남자처럼 털털하게 땀 흘리며 운동만 하다가, 예쁘게 면접복을 입고 헤어와 메이크업까지 전문가에게 받아 승무원처럼 보이는 본인 모습이 너무 예쁘고 좋았던 것은 아닐까?

드디어 10월 가을바람이 불고 어김없이 면접이 찾아왔다. 수시 1차 때 수연이는 2년제 7개 대학에 원서를 썼다. 초여름부터 면접 준비를 시작했기에 수연이도 1차 때 합격을 할 거라는 큰 기대는 없었다. 하지만 막상 희망대학에 떨어지니까 의지가 강한 수연이도 흔들리고 많이 속상해했다. 마음을 다잡고 준비한 수시 2차 때는 딱 4개의 대학만 썼지만 결과는 전부 불합격이었다. 결국 수연이는 1차 때 합격한 서울의 J대에 입학하였다. 사실 그해 입학한 친구들 중에 가장 아쉬운 친구가 수연이다.

키, 외모, 준비했던 열정 이 모든 것을 합쳐 보면 1지망 대학을 충분히 갈 수 있었을 거라는 아쉬움이 남는다. 운동을 했었기 때문에 다른 친구들보다는 아무래도 남성적인 부분이 있고, 수시 1차 결과 후 면접을 조금만 더 여성스럽게 행동하자고 조언해줬지만 그 부분이 조금 부족했던 거 같다.

면접장 분위기와 무관한 결과

모델 촬영을 하고 난 뒤 1년 후인 어느 날, 학원에 놀러 온 수연이에게 물어봤다.

"수연아 왜 1지망 대학 떨어졌을까 쌤은 늘 아쉬워." 수연이의 대답은 이랬다.

"준비된 것도 너무 없었고 제가 너무 씩씩했던 거 같아요." 면접관님들이 많은 관심을 가져 주시니 신나서 더 씩씩하게 했다고 한다. 관심이 많았었던 것과는 달리 불합격을 받아서 내색은 안 했지만 상처받았다고 한다. 사실 면접장 분위기와 합격 여부는 큰 상관이 없다는 것을 면접을 앞 둔 수험생에게 꼭 말해 주고 싶다. 다시 고등학교 시절로 돌아간다면 늦어도 고2 겨울방학부터는 면접 준비를 하고 싶다고 한다. 하지만 지금의 대학 생활에 너무 만족하며 항공과 학생으로서 학교를 다닐 수 있다는 것 자체가 너무 행복하다는 수연이. 대학에 진학하고 승무원이라는 꿈이 더 간절해졌으며 영어회화에 흥미도 생기고 열심히 토익 시험도 준비 중이라고 했다. 1년 전에 조금만 더 잘했다면 어땠을까 하는 아쉬움이 남지만 아쉬움은 아쉬움일 뿐이다. 본인이 1지망으로 희망한 대학에 입학하지 못했다고 슬퍼하며 좌절만 하고 있다면 도태될 수밖에 없다. 현재의 자리에서 최선을 다하고 행복감을 느끼는 수연이는 멋지고 예뻐 보였다.

연희쌤의 한마디

오랜 시간 운동을 했던 수연이는 결과를 겸허하게 받아들이고, 더 나은 모습으로 발전하기 위해 앞을 보고 달려 나갈 줄 아는 친구였다. '대체 내가 뭐가 부족해서 안 됐지?', '다들 운이 좋은데 나만 운이 안 좋았어.' 이런 부정적 생각들로 머릿속을 채운다면 결국 자신에게 도움이 될 부분은 전혀 없다. 그 점을 너무 잘 아는 똑똑한 멘티 수연이가 대견스럽다. 몇 년이 지나면 주짓수를 했던 터프했던 소녀가 윙을 달고 하늘에서 환한 미소로 서비스를 하고 있겠지? 꿈은 변할 수 있다. 꿈을 꾸었던 기간이 꿈의 간절함과 비례한다고 생각하지 않는다. 꿈을 언제부터 꾸었는가보다는 지금 나의 꿈을 얼마나 사랑하고 노력하느냐가 더 중요하지 않을까?

너의 마음속 깊은 곳에 있는

진심에 귀 기울여라.

지금은 작더라도

점점 크게 들릴 것이다.

Dreams come true

군인에서 승무원으로

하영이_이야기

대부분의 학생들은 꿈이 자주 바뀐다. 나도 교사에서 가수로 연구원으로 계속해서 꿈이 바뀌었고, 내 현재 직업은 선생님이다. 이처럼 사람들은 다양한 꿈을 꾸고, 그게 나의 적성에 맞는지 찾는 과도기의 시간을 거친다. 그 과정을 10대에 겪고 본인이 희망하는 과를 간다면 행복한 사람이라고 생각한다. 대부분의 10대들은 꿈이 없고 본인이 무슨 일을 하고 싶은지도 모른 채 학교, 학원, 집을 반복해 다니며 성적에 맞춰 대학에 가는 경우가 너무 많다. 그래서 20대에 내 꿈을 위해서 무엇을 해야 할지보다는 내가 과연 무엇을 하고 싶은지 어떤 직업을 가져야 할지 더 고민하고 시행착오를 겪는 편이다.

군인을 꿈꾸었던 하영이

10대에 꿈을 정하고 내가 좋아하는 과를 갔다면 정말 복 받은 사람이라는 것을 하영이를 보며 다시 한번 느낀다. 하영이의 꿈은 군인이었다. 초등학교 때 걸스카우트 활동을 했는데 어머니께서 “우리 하영이 제복이 참 잘 어울리네.”라는 칭찬에 제복 입는 직업을 꿈꾸었다. 직업군인이 되기 위해서는 체력이 중요하므로 초, 중, 고등학교까지 계속 수영을 했고, 검도도 배웠다. 그렇게 착실했던 하영이에게 고1 때 슬럼프가 찾아왔다. 초등학교 때부터 어머니가 하라는 대로 공부하고 행동하던 패턴이 갑자기 싫어졌다. 그때 모든 학원과 과외를 다 끊고 혼자 공부하는 형태로 공부 패턴을 바꿨다. 3등급이던 성적이 5~6등급까지 떨어지긴 했지만 누구에게 의지하는 본인의 습성을 바꾼 건 정말 잘한 일이었다고 하영이는 웃으면서 말하곤 한다.

승무원이라는 새로운 꿈을 꾸다

나이가 점점 들면서 키도 크고, 털털한 성격 덕분에 남학생들과 농구도 하고 스스럼없는 동성친구처럼만 지내는 자신이 내심 싫었다. 그러면서 초등학교 때부터 꿈꿔왔던 군인이 나에게 안 맞으면 어쩌지라는 불안감이 들었다. 여성스러운 변화를 주고 싶던 고2 겨울방학 즈음 여학생이라면 누구나 한 번쯤은 꿈꾸는 승무원이라는 직업을 본인이 한다면 어떨까 생각해 보았고, 고3 때 학교특강을 통해서 승무원이라는 직업을 명확히 알고 나니 내가 가야 할 길이라는 확신이 들었다. 학교특강으로 인연이 된 하영이는 중간고사가 끝난 5월부터 본격적인 면접 준비를 시작했다. 군인을 꿈꾸던 털털하고 성격 좋은 여학생의 생활은 면접 준비를 시작하면서 확 바뀌었다. 걸음걸이도 여성스럽게 말을 할 때도 차분하게 하려고 노력했으며, 항공과를 준비하는 친구들이라면 어쩔 수 없는 힘든 다이어트도 시작하였다. 타고난 긍정적 성격에 힘든 다이어트를 하면서도 하영이는 늘 밝았고 고3 집중반에서도 분위기 메이커 노릇을 단단히 했다.

항공과 학생이라서 행복한 하영이

힘들지만 즐거웠던 면접 준비가 끝나고 수시 면접 1차 시작! 어머니가 희망하시는 I대, Y대 그리고 하영이가 가고 싶은 S대, J대, D대에 원서를 접수했다. 결과는 모두 불합격이었다.

"그때 왜 모두 불합격이었을까 하영아?"라고 물어보니 본인의 자세나 답변이 부족했던 거 같다고 한다. 운동을 했던 끈기와 낙천적 성격으로, 포기하지 않고 수시 2차를 준비했고 하영이는 당당히 서울에 있는 J대 항공서비스학과에 합격하였다. 대학생활을 하면서도 학원에 자주 놀러 오는 하영이에게 물었다. "항공과 학생이여서 좋은 점은 뭐야?" 과복을 입으니 자신도 모르게 여성스러워지는 모습에 너무 행복하다고 했다. 또 과복을 입다 보니 친절해지고 책임감도 생겨서, 아주 작은 골목길에 신호등도 다른 사람들은 모두 빨간불이라도 건너는데 본인은 초록불이 켜질 때까지 건널 수가 없다고 한다. 이게 바로 유니폼의 힘 아닐까? 종종 승무원들은 민간외교관이라 불리곤 한다. 그만큼 유니폼이 주는 힘이 크며, 유니폼을 입는 순간 개인적 감정과 행동보다는 내가 속한 항공사를 대표하는 마음으로 대한민국을 대표하는 마음으로 행동해야 한다. 그런 승무원이 되기 위해 하영이는 오늘도 달리고 있다.

연희쌤의 **한마디**

학교도 너무 좋고, 학교생활도 너무 좋고, 지금의 본인 스스로도 너무 좋다는 하영이. 내 삶을 만족하며 살아간다는 것은 생각보다 매우 어려운 일이다. 남들이 보기에는 행복하고 완벽한 삶처럼 보이지만 속내를 들여다보면 그렇지 못한 사람들도 많다. 하영이는 진심으로 행복해 보인다. 하영이의 반짝반짝한 눈망울과 자연스러운 미소를 직접 본다면 공감할 것이다. 꿈꾸는 스무 살은 반짝반짝 빛난다. 여러분은 꿈이 있는가? 꿈이 있어서, 내 꿈을 위해서 이 책을 읽고 있다면, 여러분의 눈빛은 반짝반짝 빛나고 있을 것이다. 빛나는 10대가 되길, 달리는 20대가 되길 바란다.

사람은 언제 가장 아름다울까?

꿈을 꿀 때 가장 빛나고 아름답다.

반짝반짝 빛나는 꿈이

널 눈부시게 만들어준다.

승무원들의 항공 용어

승무원들이 쓰는 항공 용어들이 있다. 항공과에 진학하거나 항공사 공채에 합격하면 교육기간 동안 물론 배우겠지만, 예비승무원답게 미리 알아보고 익혀두자.

A-D

- APPEARANCE CHECK : 당일 근무인 선배 스튜어디스에게 용모 및 복장에 대한 점검을 받는 것
- ARRIVAL : 도착
- BOARDING : 탑승
- BUNK : 장거리 비행 중에 승무원들이 쉴 수 있는 곳
- CALL BUTTON : 승객들이 승무원을 호출하는 버튼
- COCKPIT CREW : 시장이나 부기장, 엔지니어를 포함한 운항 승무원
- DAY OFF : 비행 근무 후에 주어지는 휴무
- DELAY : 연착
- DEPARTURE : 출발
- DESTINATION : 목적지
- DIVERT : 회항
- DOUBLE FLIGHT : 국내선에서의 경우 왕복비행 스케줄
- DUTY CODE : 각 승무원들이 받는 DUTY CODE는 서비스 담당 구역뿐만 아니라 업무의 할당과 그에 따른 책임까지 포함

E-J

- EMERGENCY : 비상사태.
- EMERGENCY LIGHT : 비상등, 야간 불시착 시 기내, 기외를 비추는 비상용 조명등
- ENTREE : 식사의 중심요리
- ESCAPE SLIDE : 비상 착륙 시 기외 탈출을 위해 출구에 장착된 미끄럼대
- EY : 이코노미 클래스
- FIRE EXTINGUISHER : 소화기
- FIRST AID KIT : 응급처치함
- FLIGHT MOVIE SERVICE : 기내 영화 상영
- FR : 퍼스트 클래스
- FULL : 만석

- GALLEY : 비행기 내의 주방
- GATE : 탑승구
- GAVEAWAY : 기내에서 무료로 승객에게 드리는 탑승 기념품
- GO AHEAD : '계속하라' 뜻의 운항용어
- IN-FLIGHT SALE : 기내에서의 면세품 판매
- JUMP SEAT : 승무원 좌석

L-O

- L/O (LAY OVER) : 해외 체류지에서의 휴식시간
- LAVATORY : 화장실
- LIFE JACKET : 구명조끼
- LIFE RAFT : 구명보트
- MISS FLIGHT : 비행시간에 늦는 경우
- NON-SCHEDULED FLIGHT : 부정기 운항편 항공사가 면허장에 포함되지 않는 지점 간에서 비정기적으로 취항하는 항공편
- OJT : 신입 훈련과정 후 3~4개월 정도 국내선에서 근무하는 것 (신입 승무원들은 선배들로부터 서비스 태도, 비상 장비에 대한 지식, 서비스에 적합한 용모와 복장을 갖추었는지 등에 대해 매 비행시간 평가받는다.)
- OVERHEAD BIN : 수화물 선반, 승객의 머리 위에 부착된 선반
- OXYGEM MASK : 산소 마스크

P-Z

- PERDIUM : 해외 체류 시 필요한 체류비로, 비행할 때마다 지급
- PR : 비즈니스 클래스
- PURSER : 사무장
- SAFETY BELT : 안전벨트
- SCHEDULED FLIGHT : 정기 운항편 두 지점 간을 항공사의 공시된 스케줄에 따라 주기적으로 취항하는 항공편
- SCHEDULED SURVIVE : 정기비행서비스
- SHOW UP : 그날의 비행준비를 마친 상태에서 리스트의 자신 이름에 서명하는 것
- STAND-BY : 결원이 발생했을 때를 대비해 지정된 장소에서 대기하는 것
- STEWARD : 남승무원
- TRANSIT PASSENGER : 타국으로 통과 목적만으로 통과 여객
- TURBULENCE : 기체 동요
- WALK AROUND SERVICE : 기내를 순회하며 승객이 필요한 것을 만족시키고 편안한 대화를 통해 여행을 즐겁게 하는 것

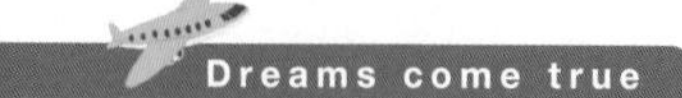
Dreams come true

예승이들의 수시 면접

아함…
졸려 ㅜㅜ

엄마 아빠~
면접 잘 보고 올게요

OO 대학교

지금까지
준비한 대로
하자!
면접장
(A)
두근
두근

면접장
(A)
면접 후…
긴장을 풀기도 전…
오후 면접장이 어디인지…
스마트폰 으로 가는 길 검색…

힘들고 두렵지만…

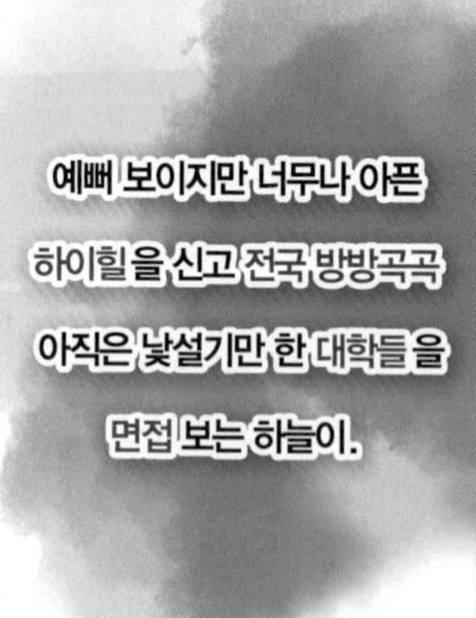
예뻐 보이지만 너무나 아픈
하이힐을 신고 전국 방방곡곡
아직은 낯설기만 한 대학들을
면접 보는 하늘이.

대학교
꿈을 이루기 위해
면접장으로 향합니다.

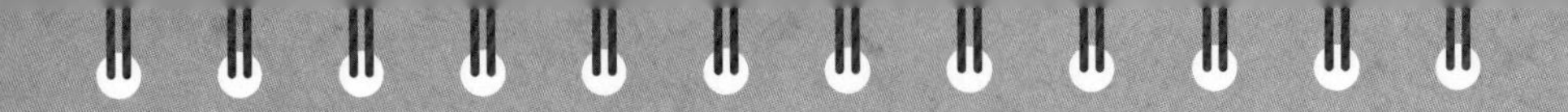

Special page

모의면접 스터디 요령

학원을 다니면서 전문선생님에게 면접 준비를 지도 받는다면 가장 좋겠지만, 상황이 여의치 않는다면 스터디를 통해서 나를 파악하고 개선할 필요가 있다. 지금부터 모의면접 스터디 요령을 짚어보자.

모의면접 시 Check List

☐ 1. **공수자세** : 상대방을 향한 나의 공손한 마음을 표현하는 자세로, 승무원 면접의 기본자세이니 열심히 연습해야 한다.

☐ 2. **인사** : 먼저 상대방과 아이콘택트를 한 후 정중례로 인사한다. 머리와 등, 허리와 상체가 일직선이 되어야 하고, 턱은 앞으로 들리지 않도록 하고, 배는 끌어당기듯이 한다.

☐ 3. **발음** : 면접 시 표준어를 구사할 줄 알아야 한다. 간과하기 쉬운 부분이지만, 발음을 신경 써서 말하는 경우와 그렇지 않은 경우는 이미지에 있어 신뢰감 형성에 큰 요소로 작용하므로 반드시 연습해야 한다.

☐ 4. **미소** : 미소는 첫인상 형성에 가장 큰 부분을 차지한다. 무겁기만 할 수 있는 면접에서 좋은 분위기를 형성하는데 도움이 될 수 있어 중요하다. 모의면접 시 아름다운 미소를 유지하는데 힘겨움이 없어야 하고, 입으로만 웃는 것이 아니라 눈도 함께 웃고 있는지가 체크포인트이다. 면접 전 평소 꾸준한 연습과 실생활의 적용으로 자신에게 가장 잘 어울리고 예뻐 보이는 미소를 찾아야 한다.

☐ 5. **아이콘택트(Eye contact)** : 자연스러운 아이콘택트로 면접 중 상대방에게 집중하고 있음을 보여 주어야 한다. 면접 중에는 면접관과의 자연스러운 아이콘택트, 시선 분배가 중요하다. 시선처리가 제대로 이루어지지 않을 경우, 무성의해 보이거나 진실을 말하고 있지 않는다는 등의 오해를 살 소지가 있기 때문에 주의가 필요하다.

■ 모의면접 진행

모의면접의 핵심은 실제 면접을 예행 연습하는 것으로, 진지한 마음가짐으로 실제와 가장 흡사한 환경을 만들어 실시한다. 면접관 역할 2~3명, 지원자 5~8명으로 정하고 면접 평가표를 우수, 보통, 부족으로 나누어 만들어서 꼼꼼히 체크해본다.

평가 항목	표현력
☐ 용모 및 태도	☐ 흡입력
☐ 밝은 미소	☐ 발음
☐ 공수자세	☐ 자신감
☐ 아이콘택트	☐ 언어 구사력
	☐ 긍정적 사고

■ 피드백(Feed back) 요령

피드백을 받는 사람은 개선할 점을 지적받은 것에 기분 상해할 것이 아니라 자신을 관심 있게 봐 주고, 개선할 점을 찾아 준 것에 고마운 마음을 가져야 한다. 피드백을 주는 사람은 반드시 피드백을 받는 사람의 입장에서 느껴질 감정을 고려하고, 말투와 언어선택에 유의해야 한다. 서로 기분 나쁜 것이 싫어 칭찬일색을 하는 것은 더더욱 안 될 일이다. 모의면접에서 보인 모습을 토대로 잘한 점, 서로에게 배워야 할 점, 개선할 점 등을 함께 의논하는 것이 모의면접 피드백의 중요점이다.

행복을 주는 사람

슬기_이야기

"평소 스트레스를 받으면 어떻게 해소하나요?" 면접 기출문제 중 하나이다. 예승이 여러분은 스트레스를 받으면 어떻게 해결하나? 사람의 성향은 모두 다르고 각자의 취향도 다르므로 다양한 스트레스 해소법들이 있겠지만, 많은 사람들이 맛있는 음식을 먹으면서 스트레스를 푸는 경우가 많다. 나 또한 맛있는 빵과 달달한 커피를 마시면서 일상의 스트레스를 풀곤 한다. 일상에 지치거나 우울하거나 힘들 때 달콤한 케이크나 빵을 먹으면 기분이 좋아진 경험이 다들 있을 것이다.

사람들을 행복하게 만드는 제과제빵사

슬기는 그런 행복을 주는 제과제빵사가 꿈이었다. 평소에 빵을 좋아해서 중학교 때 학교 CA 활동시간에는 제과제빵을 선택해서 배웠다. 빵을 만드는 것도 재미있고 본인이 만든 빵을 친구들이나 부모님께서 맛있게 먹는 모습을 보면 행복하고 뿌듯했다. 그전까지 특별한 꿈은 없었지만 사람들에게 기쁨을 주는 보람된 일을 하고 싶었던 슬기는 사람들을 행복하게 만드는 맛있는 빵을 만들자고 결심하였다. 중학교 3학년 때 제과제빵사라는 꿈을 정한 후 고등학교 1학년 초반부터 제과제빵 자격증을 따기 위해 공부를 시작했다.

그런 슬기가 승무원이라는 꿈을 새롭게 꾸게 된 건 고등학교 2학년 제주도 수학여행 때이다. 어릴 때부터 공항 근처에 살아서 승무원들을 자주 보았고, 초등학교 6학년 때 필리핀을 여행하고 한국으로 돌아오던 비행기에서 보호자 없이 또래 친구들끼리 비행기를 타서 겁먹은 적이 있는데, 그때 승무원이 신경도 많이 써주고 내릴 때 비즈니스 좌석으로 옮겨 먼저 나갈 수 있도록 배려까지 해줘서 감동을 받은 적이 있었다. 하지만 그때는 그냥 승무원에 대한 좋은 이미지만 생겼지 내가 하고 싶은 일이라는 생각은 못 했었다. 그리고 고등학교 2학년 때 제주도 수학여행을 가는 비행기 안에서 승객 한 사람 한 사람에게 최선을 다하는 승무원을 보았고, 제과제빵사도 좋지만 조금 더 가까이에서 사람들에게 행복을 주고 도움을 주는 승무원이 되고 싶다는 생각을 했었다.

확신이 없기에 흔들리는 꿈

슬기는 승무원이라는 꿈을 정하고도 늘 확신은 없었다. '예쁜 얼굴도 아니고 날씬하지도 않은데 내가 과연 승무원이 될 수 있을까?'라는 생각 때문에, 꿈을 향해 달려가도 모자를 시간에 자꾸 뒷걸음질을 치고 있었다. 고3이 되어서도, 항공과 준비를 결정하고도 계속 고민을 하며 본인을 믿지 못했다. 이제 와서 고백하자면 슬기는 가장 많이 약속을 깬 멘티이다. 몇 번이고 상담을 온다고 했다가 겨우 5월이 되어서 슬기 얼굴을 볼 수 있었다. 그리고 또 몇 번이나 이제부터 정말 열심히 할 거라고 하고서는 연락이 안 되었다. 그렇게 길고도 긴 고민 끝에 6월 중순이 지나서 슬기가 드디어 용기를 내어 면접 준비를 시작하였다.

뚜렷한 목표 의식이 생기다

슬기는 아마도 천 번은 만 번은 고민했을 것이다. 고민의 시기에는 많이 흔들렸던 슬기지만 오히려 시작을 하겠다고 최종 결정을 한 뒤에는 정말 많이 달라졌다. 몇 개월을 그리 고민했던 슬기가 맞나라는 생각이 들 정도로 밝고 행복하게 수업에 적극적으로 참여하였다. 처음에는 항공과를 목표로는 정했지만, 뚜렷하게 어느 대학을 가고 싶은지 2년제를 갈지 4년제를 갈지 명확한 계획이 없었다. 슬기는 승무원쌤들의 조언과 학원에서 진행되는 항공과 대학 교수님들의 특강을 들으며, 부족한 본인을 변화시키기에 4년이라는 시간이 필요하다 느꼈고 C대학 항공과에 진학했다. 슬기는 주저하다가 면접 준비를 늦게 시작했던 아쉬움이 있기에, 대학을 가면 정말 학교생활에 최선을 다 하고 싶다고 입학 전부터 늘 말했었다. 입학한 뒤 슬기는 정말로 학교 홍보부로 많은 활동을 하면서 하루하루를 행복하고 알차게 보내고 있다.

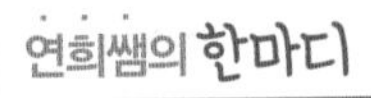

꿈을 정하고도, 슬기처럼 주저하고 스스로에 대한 확신이 없는 예승이들이 많을 것이다. 학교생활이 너무 즐겁다고 슬기에게 문자 메시지가 온 적이 있다. “그리 좋은데 안했음 어쩔 뻔했어 슬기야.”, “안 했으면 정말 큰일 날 뻔했어요. 기회는 자주 오는 게 아니잖아요.”라는 답장이 왔다. 슬기가 학교 홍보부로 열심히 활동하면서 많은 후배 예승이들에게 조언도 해주고 도움을 주는 이유는 용기 내지 못하는 그 마음을 너무나 잘 알기 때문일 것이다. 누구보다 고민이 길었던 슬기는 말한다. 후회하지 말고 어서 도전하라고.

끝없이 움직이는 모래시계를
본 적이 있는가?
시간은 멈추지 않는다.
당신만 멈추었을 뿐이다.

Dreams come true

시작은 비서 마지막은 승무원

희주_이야기

'임원급의 상사에게 직속되어 상사의 업무효율성을 위한 제반 업무를 처리한다.' 비서라는 직업의 사전적 의미이다. 하지만 일반인에게 비서는 사전적 의미보다 예쁜 비서룩을 입고 힘든 일을 다 견뎌내고 나의 상사를 멋진 보스로 만들거나 나를 신뢰 못 하던 상사에게 인정받으며 자아를 찾아가는 드라마나 영화 속 모습에 더 익숙할 것이다. 여자라면 한 번쯤은 비서라는 직업도 꿈꾸어 봤을 것이다. 나 또한 대학교 4학년 때 여러 회사에 입사지원을 하고 면접을 보던 취준생 시절 대기업 비서를 지원한 적이 한 번 있었다. 물론 비서 관련해서 어떠한 스펙도 없는 나는 당연히 떨어졌다. 서류전형이 통과할 거라는 기대는 없었지만 '비서'라는 직업에 매력을 느꼈기에 "나에게 기회가 주어진다면 최선을 다해서 면접을 보고 나를 보여주자."라는 당찬 다짐은 했었다.

나에게 어울리는 직업을 찾다

대학교 4년 때 그런 방황의 시기가 있었던 나에 비하면 희주는 당차고 야무진 친구이다. 고등학교에 진학 후 나랑 맞는 직업은 어떤 직업일까? 많은 고민을 했고, 고민에서 그치지 않고 직접 상담도 받아보고 직업 체험도 해보면서 발로 뛰어다녔다고 한다. 그렇게 여러 직업을 알아 가던 중 '비서'라는 직업이 눈에 들어왔다. 주변 사람들에게 비서라는 직업이 나하고 어울리는가를 물어봤을 때 10명이면 10명 모두 너무 잘 어울린다고 꼭 도전해 보라고 했다고 한다. 그도 그럴 것이 단아한 외모만큼이나 차분하고 남을 배려하는 성격을 가진 희주에게 '비서'라는 직업은 참 잘 어울린다. 부모님, 선생님, 친구들까지 모두 '비서'라는 꿈을 지지해주고 응원해주니 더 구체적으로 직업에 대해서 찾아보고 비서학과 진학을 결심했다고 한다. 희주는 특성화고를 다니고 있었다. 특성화고 재학 중인 대부분의 친구들은 취업과 진학 사이에서 많은 고민을 한다. 대부분의 인문계 친구들은 대학 진학만을 생각하는 반면, 특성화고 친구들은 취업을 한다면 어떤 직업이 나랑 잘 맞을까를 고민하고 결정해야 하므로 본인의 진로에 대해 조금 더 진지하게 고민해볼 수 있는 기회가 있다.

선택의 폭이 넓은 항공과

비서학과 진학을 확정 지은 희주는 I대 비서학과 입학을 목표로 정했다. 비서학과 역시 면접비중이 높으므로 혼자 준비하기에는 힘들다고 판단하고, 항공과를 준비하고 있는 같은 학교 친구 혜빈이와 은경이에게 도움을 요청했다. 혜빈이와 은경이가 3월부터 학원을 다니면서 조금씩 변화되는 모습을 직접 보았기에 희주는 상담 오고 바로 학원에 등록하였다. 상담을 하면서 희주에게 한 가지 팁을 주었다. 가장 목표로 하는 I대는 비서학과로 지원하고 항공과와 비서학과가 함께 있는 다른 대학은 항공과로도 지원을 해보라는 권유였다. 항공과를 진학한다고 해도 재학생 모두가 객실승무원으로 취업할 수는 없는 게 현실이다. 하지만 이곳을 졸업하면 호텔리어나 비서 또는 관광계열 같은 서비스직으로 취업이 잘 되는 것도 사실이다. 대학을 진학한다는 것은 분명 취업과 연결고리가 있다. 항공과 진학하기에도 가능성이 높은 충분한 자질을 갖춘 희주이기에 취업률도 높고 선택의 폭도 넓은 항공과 진학을 권유하였다.

승무원이라는 새로운 꿈

그렇게 면접 준비를 시작한 희주는 기본적인 이미지메이킹 수업, 질문 답변 관련 스피치 수업과 함께 객실승무원 관련 실습수업을 하면서 생각해 본적 없던 승무원이라는 직업에 매력을 느끼게 되었다. 실제 승무원이었던 쌤들과 수업을 하면서 승무원 시절의 이야기를 자주 듣게 되었으며 그렇게 승무원이라는 직업의 매력에 빠져들게 되었다. '비서'보다 '승무원'에 더 강한 끌림을 느낀 희주는 그렇게 꿈을 바꾸고 목표 학과도 변경하였다. 초여름부터 시작한 다소 늦은 면접 준비였지만 혜빈이, 은경이와 함께 여름방학 내내 수업도 듣고 스터디도 하면서 열정을 불태웠다. 그리고 가고 싶었던 K대 항공과에 진학하였다. 외항사 유니폼 느낌이 나는 과복을 입은 모습이 어찌나 예쁘고 단아한 승무원 같던지, 희주가 정말 하고 싶고 잘할 수 있는 꿈을 찾아서 너무 기쁘다.

연희쌤의 한마디

"고작 몇 달 만에 그렇게 꿈이 쉽게 바뀔 수 있어? 진중하지 못하네."라고 생각한다면 그건 희주를 몰라서 하는 소리이다. 희주는 누구보다 신중하고 생각이 깊은 친구이다. 1년 넘는 시간 동안 자신의 성격과 맞고 잘할 수 있는 직업을 찾는 과정을 거쳐서 '비서'를 꿈꾸게 되었다. 면접 준비를 시작하면서 쉽게 만날 수 없었던 전직 승무원쌤들의 리얼 스토리를 듣게 되었고, 더 하고 싶고 잘할 수 있는 일을 드디어 찾은 것이다. 얼마나 오래 고민하고 진지하게 생각했는지 또한 물론 중요하다. 하지만 그보다 더 중요한 것은 정해진 후 얼마나 열정을 가지고 최선을 다하였는가라고 생각한다. 그런 노력과 열정 면에서 희주에게 10점 만점에 10점을 주고 싶다.

결코 후회하지 말자.

뒤도 돌아보지 말자.

앞만 보고 달리자.

지금 넌 충분히 잘하고 있어.

건영이_이야기

"가장 감명 깊게 본 영화가 무엇인가요?" 내가 만약 예승이가 되어 면접관 앞에서 이 질문을 받았다면 〈바람과 함께 사라지다〉라는 영화를 대답할 것이다. 미국 남부전쟁 전후의 남부를 무대로 스칼렛 오하라라는 여성이 겪은 인생역정을 통해 인간의 삶과 성장에 관한 이야기를 담아낸 고전 영화다. 고등학생 때 이 영화를 처음 보고 나서 왠지 모를 설렘과 무언지 모를 깊은 감동으로 밤잠을 설쳤던 기억이 난다. 전쟁 직후라는 매우 힘든 상황 속에서 다소 이기적인 면도 있지만 본인을 사랑하고 그 누구보다 당찼던 스칼렛 오하라라는 여성을 여러분도 꼭 한번은 만나 보았으면 한다.

영상디렉터를 꿈꾸다

영화란 우리들을 행복하게도 하고 울리기도 하며 가슴 먹먹하게도 하고 때론 소름 돋게 무섭게도 하며 이보다 더 통쾌할 순 없게 만들어줄 때도 있다. 건영이는 사람들의 이야기를 담아내고 사람들의 이상과 꿈을 투영시키는 영화를 만드는 영상디렉터가 되고 싶었다. 어릴 때부터 영화 보는 걸 좋아했던 건영이가 영상디렉터를 꿈꾼 건 중학교 2학년부터였다. 좋아하는 영화 만드는 현장에 있다면 너무 행복할 거 같았던 건영이는 영상제작 관련 특성화고를 진학하였다. 1시간 30분이 넘는 통학거리였지만 본인이 하고 싶은 것을 고등학교 시절부터 구체적으로 배울 수 있다는 생각에 너무 행복했었다.

현실과 이상은 달랐다

하지만 꿈꾼 이상과 고등학교 때 맞닥뜨린 현실은 달랐다. 구상하고 촬영 후 편집하고 연출하는 과정을 배울수록 점점 어렵고 흥미도 잃고 본인하고 안 맞는다는 생각이 들었다. '영상디렉터'라는 직업 하나를 생각하고 왕복 3시간 정도의 거리를 감수하고 특성화고에 진학했는데, 본인과 맞지 않는다는 것을 깨닫고 꿈을 접는 순간 얼마나 허탈하고 속상했을까? 힘들고 막막하기도 했지만 건영이는 긍정적이고 피하기보단 부딪쳐 보려는 적극적 성격이었다. 차라리 지금 나에게 맞지 않은 걸 깨달은 게 다행이라는 마음으로 본인이 하고 싶은 제2의 꿈을 찾기 시작했다고 한다.

건영이가 다시 꿈을 찾기 위해 노력하고 고민할 때 손을 내밀어 주고 도와준 건 승무원 준비를 막 시작한 주빈이었다. 주빈이 역시 1년 넘게 '내가 과연 승무원을 할 수 있을까?'라는 고민만 하며 주저하다 친구의 소개로 상담을 받은 후 확실하게 준비해보기로 결심하고 6월부터 학원을 다녔던 친구이다. 키도 크고 잘생기고 목소리도 좋으면서 거기에다 성격까지 좋은 건영이에게 스튜어드라는 직업이 딱이라 생각했다고 한다. 주빈이와 학교 선생님의 권유로 스튜어드라는 직업을 구체적으로 알아봤고, 영화 다음으로 여행을 좋아했는데 비행기도 타고 사람들도 도와줄 수 있는 일이라면 누구보다 잘할 수 있겠다는 자신감이 들었다고 한다. 그렇게 건영이는 7월의 어느 날 나의 멘티가 되었다.

안타까운 예비 1번

건영이는 늦게 시작한 만큼 면접 전 남은 시간 동안 최선을 다했다. 태권도를 배워서 자세도 바르고 평소 잘 웃는 밝은 성격으로 미소도 좋고 꿀 떨어지는 매력 보이스까지 참 장점을 많이 갖춘 친구였다. 그렇기에 나 또한 기대가 컸다. 사실 나뿐만 아니라 학원 여학생의 기대를 한 몸에 받았다고 해도 과언이 아니다. 수시 결과 발표 후 3월 개강 전까지 학원에 놀러 왔던 대부분 여학생들이 건영이가 어느 대학에 입학했는지 물어보았으니, 건영이의 인기를 짐작할 수 있을 것이다. 그렇게 모두가 궁금해하는 건영이의 수시합격 결과는 매우 아쉬움이 많이 남는다. 정말 아깝다는 표현이 더 맞는 표현일 것이다. 건영이가 가장 가고 싶어 했던 I대는 특성화고 남학생을 딱 1명 모집하는데 수시 2차 예비번호 1번이었다. 예비 1번이라도 안 빠진다는 거 알면서도, '그래도 설마 1번인데.'라는 기대를 했다. 하지만 역시 I대는 I대였다. 추가합격자 발표까지 모두 끝난 후, 늘 긍정적이고 "잘 되겠죠?" 했던 건영이가 처음으로 "쌤 제가 특성화고가 아니었다면 어땠을까요? 오늘은 특성화고 간 게 후회 되네요."라고 말하는데 마음이 많이 아팠다.

연희쌤의 한마디

여기까지만 읽는다면 건영이의 이야기는 매우 슬픈 이야기 같지만 건영이의 이야기는 다시 시작이다. 정시까지 도전하겠다는 마음으로 건영이는 수시 2차 때 가장 희망하는 대학 3곳을 지원했고 그중 한 곳인 K대에 입학하여 대학 생활을 잘하고 있다. 승무원이라는 길과 면접이 그리 만만하진 않다는 것을 쓰라린 경험으로 배웠기에 토익공부도 학과공부도 그 누구보다 열심히 하고 있다. 1지망 대학 입학 실패라는 쓴 경험을 통해 단단해진 건영이는 반드시 1지망 항공사 합격이라는 달콤한 성취를 맛볼 것이다.

작은 점으로 보이던 비행기가

활주로를 다가올수록 커지듯

너의 꿈도 점점 커질 것이다.

기내에서 자주 쓰는 영어회화

영어 때문에 객실승무원을 포기하려 했다면 절대 그러지 말자. 기내에서 승무원과 승객이 하는 이야기는 어느 정도 정해져 있다. 때문에 지금 영어를 못하더라도 조금씩 배우고 노력한다면 충분히 객실승무원을 할 수 있으니 걱정하지 말자. 그렇다면 지금부터 기내에서 자주 쓰는 영어회화를 익히면서 영어와 친해져 볼까?

■ 탑승상황

- May I see your boarding pass, please. (탑승권을 보여주시겠습니까?)
- Please procced down this aisle. (이쪽 복도로 가시면 됩니다.)
- Please proceed to the other aisle. (반대편 복도로 가시면 됩니다.)
- May I help you with your baggage? (짐 보관을 도와드릴까요?)
- Could you please put your baggage under the seat in front of you? (짐은 앞 좌석 밑에 놓아 주시겠습니까?)
- I will guide you to your seat. (제가 좌석으로 안내해 드리겠습니다.)
- May I see your ID, please? (신분증을 보여 주시겠습니까?)
- May I see your reservation number, please? (예약번호를 보여 주시겠습니까?)
- I'm sorry but I'm afraid there was a mistake in the seat assignment. (죄송합니다만 좌석배정에 문제가 있었던 것 같습니다.)
- I'm sorry but I'm afraid you are in the wrong seat. (죄송합니다만 자리를 잘못 앉으신 것 같습니다.)
- We have to re-check your boarding pass individually for security. (보안을 위해 한 분씩 탑승권을 재확인 하고 있습니다.)

◘ 이륙(Take-off) 상황

- Please fasten your seat belt. (안전벨트를 매 주세요.)
- Please fold back your tray table. (테이블을 접어 주세요.)
- Please return your seat to upright position. (좌석 등받이를 세워주세요.)
- Lavatories are located in both forward and rear sections of the airplane. (화장실은 비행기 앞쪽과 뒤쪽에 위치해 있습니다.)
- Emergency exits are located on both sides of the cabin. (비상 탈출구는 기체의 양 옆쪽에 위치해 있습니다.)
- We must keep the aisle clean. (통로에는 짐을 놓으실 수 없습니다.)
- Would you please put it in the overhead bin? (짐은 선반에 보관해주시겠습니까?)
- Your seat is in the front of the cabin. (좌석은 객실 앞쪽입니다.)
- Our scheduled flight time after take-off will be 9 hours. (비행시간은 이륙 후 9시간으로 예정하고 있습니다.)
- Please open the window shade. (창문덮개를 열어주세요.)
- Please return your seat to upright position. (좌석 등받이를 세워주세요.)

◘ 기내 서비스 상황

- Would you like to have lunch? (점심식사 하시겠습니까?)
- Please enjoy your meal. (맛있게 드십시오.)
- Are you finished with your meal? May I take this away? (다 드셨습니까? 치워 드릴까요?)
- We have run out of beef. How about chicken instead? (소고기는 모두 서비스되었습니다. 치킨은 어떠십니까?)
- Would you like to read a newspaper? (신문 보시겠습니까?)
- Can I get you anything else? (더 필요한 것은 없습니까?)
- I'm the duty crew in charge today. (오늘 담당 승무원 000입니다.)
- If you need any help, please let me know at any time. (도움이 필요하시다면, 언제든지 말씀해 주십시오.)

- May I un-wrap your meal box and heat it up for you?
  (식사 포장을 개봉하여 데워 드려도 되겠습니까?)
- I'll install a bassinet after take-off.
  (이륙 후 아기바구니를 설치해 드리겠습니다.)
- I'll check if we have any other newspapers.
  (다른 신문이 있는지 확인해 보겠습니다.)
- Would you like to buy any duty-free item?
  (면세품 구입하시겠습니까?)

◘ 서류 작성 요청 & 비행 정보

- Would you please fill out these forms?
  (서류를 작성해 주시겠습니까?)
- Would you please fill out the customs form?
  (세관신고서를 작성해 주시겠습니까?)
- Would you please fill out the arrival card?
  (입국카드를 작성해 주시겠습니까?)
- Only one customs form is needed per family.
  (신고서는 가족 당 한 장씩 쓰시면 됩니다.)
- The local time is 11 AM(PM). (현지시간은 아침(오후) 11시 입니다.)
- 000 is 16 hours behind △△△. (000은 △△△보다 16시간 늦습니다.)
- There is no time difference between 000 and 000.
  (000과 000은 시차가 없습니다.)
- 000 is 14 hours ahead of △△△. (000은 △△△보다 14시간 빠릅니다.)
- We expect to arrive in about one hour and thirty minutes.
  (1시간 30분 후에 도착할 예정입니다.)

Dreams come true **Know How**

키 크는 방법

– 키를 크게 만들어 주는 요가, 스트레칭(1)

❶ 스트레칭을 하기 위해 양손 깍지를 끼고 앞으로 주욱 밀어 준다.

❷ 이번에는 머리 위로 밀듯이 올려 준다. 같은 방법으로 3~4회 반복해 준다.

❸ 나비동작은 발바닥을 마주 보게 모아 준 뒤 발을 양손으로 잡고, 허리를 세운 뒤 앞을 바라본다.

❹ 숨을 내쉬면서 몸을 천천히 앞으로 숙여 준다.

❺ 숨을 들이마시며 몸을 세워 준다. 같은 방법으로 3~4회 반복해 준다.

❻ 비둘기 동작은 왼쪽 다리는 뒤로, 오른쪽 다리는 앞쪽으로 한 뒤 발과 무릎을 잡고 숨을 들이쉬면서 상체를 펴 준다.

❼ 허리를 곧게 펴고 고개를 뒤로 젖혀 준다. 반대쪽으로 자세를 변경한 뒤 같은 방법으로 3~4회 반복한다.

항공과 대학 면접 기출문제

차근차근 면접을 준비한 예승이라면 항공과 대학 면접 시 전혀 예상을 못 한 질문을 받는 경우는 드물다. 항공과 대학 기출문제가 있기 때문이다. 물론 기출문제는 몇 백가지 이상이지만 주제별로 자주 나오는 질문을 정리해 보았으니 답변을 준비해 보자.

면접 준비(Warm-Up)

- 무엇을 타고 왔나?/얼마나 걸렸나?
- 아침밥과 부모님이 격려해 준(조언) 말이 무엇인가?
- 면접장에 오니 느낌이 어떤가?/학교(캠퍼스) 첫 느낌이 어떤가?
- 오늘 면접이 끝나면 무엇을 할 건가?
- 오늘 면접이 끝난 뒤 가장 보고 싶은 사람은?
- 오늘 면접이 끝나고 가장 먹고 싶은 음식은?
- 오늘 누구와 같이 면접장에 왔나?
- 면접 준비하면서 누가 가장 도움을 주었나?
- 면접실에서 대기하는 동안 기장이 많이 되었을 텐데 나만의 긴장 푸는 방법은?
- 자신이 받고 싶은 질문이 있나?

도덕, 인성, 가치관, 목표의식

- 매사에 예의가 중요한데 본인이 생각하는 예의란?
- 개인의 발전과 팀(조직)의 발전 중 어느 것이 더 중요한가?
- 교우관계에서 가장 중요하게 생각하는 것과 그 이유는?
- 첫 월급을 받으면 무엇을 하고 싶은가?
- 100만 원이 생긴다면 무엇을 하고 싶은가?
- 20살이 되면 꼭 하고 싶은 것은?
- 3년/5년 뒤 나의 목표는?
- 이성 친구를 사귈 때 어떤 점을 보는가?
- 시간약속을 잘 지키는 편인가? 시간 약속이 중요하다고 생각하는 이유는?
- 꿈을 갖는 데 영향을 준 사람이 있는가?

승무원, 항공사

- 승무원이 안 되면 차선으로 무슨 직업을 선택할 것인가?
- 승무원에게 필요한 자질은?
- 본인의 어떤 점이 승무원에 적합하다고 생각하나?
- 항공서비스에서 가장 중요한 것은?
- 승무원이 된다면 가장 가고 싶은 나라는 어디이며 그 이유는?
- 어느 항공사 유니폼이 좋은지 그리고 그 이유는?
- 입사하고 싶은 항공사가 있다면 그리고 그 이유는?
- 승무원의 장점/단점은 무엇일까?
- LCC 항공에 대해 알고 있는가?
- 본인이 이용해 본 항공사가 있는가?

학창시절(초·중·고) 대학교

- 고등학교 시절 아쉬웠던 점은 무엇이고 대학생활에서 이를 어떻게 개선할지?
- 입학 후 어떤 점에 중점을 두고 공부할 것인가?
- 우리 학과/대학교에 지원한 동기
- 우리 학과에서 당신을 뽑아야 하는 이유 3가지는?
- 우리 대학교(학과) 인재상에 본인이 해당하는 덕목이 있는가?
- 우리 대학교 홈페이지에 들어와 봤나?
- 본인 고등학교를 자랑하면?
- 다시 고등학교 시절로 돌아간다면 꼭 하고 싶은 것은?
- 고교 시절 가장 좋아했던 과목은?
- 우리 대학교로 삼행시/사행시를 말한다면?

그 외 다양한 질문

- 당신을 과일/사물/색/연예인/동물/식물에 비유한다면?
- 지금까지 살면서 가장 힘들었던 경험과 그것을 어떻게 극복했는지?
- 가장 좋아하는 연예인과 그 이유는?
- 가장 감명 깊게 읽은 책은?
- 외국인에게 추천해주고 싶은 음식은?
- 자신만의 스트레스 해소법은?
- 체력관리는 어떻게 하나?
- 취미 및 특기는?
- 공인된 어학점수가 있는가?
- 마지막으로 하고 싶은 말이 있다면?

태평양을 건너는 연애

리얼 스토리
이영미

승무원 시절의 이영미 선생님

남자친구와 6~7년 정도 사귀었을 때 승무원에 합격을 했다. 외국 항공사라서 카타르에 가면 최대 6개월 동안은 한국을 들어오지 못하는 상황이 된다. 그때 남자친구는 해바라기 마냥 나를 기다렸고 난 신난 망아지 마냥 남자친구의 존재를 잊어가며 비행 생활을 즐겼었다.

간혹 힘든 트레이닝과 비행으로 하소연할 때만 남자친구를 찾았었던 것 같다. 주변 한국인 승무원 친구들도 즐겁고 재미있는 비행생활에 흠뻑 빠져서 남자친구의 존재를 잊기 시작했다. 그렇게 점점 연락이 잘 안 되고, 결국 외로움에 도하 현지에 있는 사람에게 마음을 빼앗겨서, 넘쳐나는 갑부들이 보여주는 페라리와 요트에 눈이 번쩍 뜨여서, 또는 한국에 있는 남자친구들이 고무신을 거꾸로 신어서 등등 많은 이유로 헤어져 갔다.

사실 의외로 한국에 있는 남자친구들이 6개월을 못 기다리고 고무신을 거꾸로 신어서 헤어진 경우도 꽤 된다. 그래도 나와 내 남자친구는 굳건히 관계를 유지했고, 6개월 만에 첫 번째 휴가를 갔던 그때, 가방 안에는 남자친구 선물들로 가득 했었다.

첫 번째 휴가 이후, 한국 가는 재미에 들려 인천 비행을 3개 이상 신청을 하고 4일 휴가(Off)를 매달 신청을 했었다. 가끔은 내 체류지가 한국인지 도하인지 헷갈릴 정도로 한국을 자주 갔었다.

간혹, 외국항공사 승무원을 한다면, 한국에 있는 남자친구와 연애 못하는 거 아니냐고 묻지만 다양한 방법으로 연애를 할 수 있다. 그러나 휴가 때조차도 비행기를 타야 하는 승무원은 체력적으로 많이 피곤해서 보약 몇 재는 먹어야 한다.

강의 중인 이영미 선생님

'승무원은 예뻐야 하지 않나?', '승무원은 키 커야 하지 않나?', '승무원은 영어 잘해야 하지 않나?', '승무원은 공부 잘해야 하지 않나?'와 같이 승무원이라는 직업에 편견이 많은 것 같다. 사람들이 가지고 있는 승무원이라는 직업의 편견에 당당하게 맞서서 본인의 꿈을 향해 달려가는 예비승무원들의 이야기를 소개한다. 아직도 꿈을 꽁꽁 숨기고 움츠려 있는 학생이라면 날개를 활짝 펼쳐보자.

Chapter 05

세상의 편견에 맞서다

Dreams come true

도전은 아름답다

재은, 재림이_이야기

초등학교 3학년까지 외동딸로 부모님의 예쁨을 한 몸에 받던 재은이에게 여동생이 생겼다. 고등학교까지는 동생을 미워하기도 질투를 느끼기도 했다. 성인이 되고 동생이 자라면서 서로는 세상 어디에도 없는 든든한 내 편이 되었다. 나이가 들수록 동생이라는 존재가 부모님께서 주신 가장 큰 선물이라는 생각이 든다고 한다. 자매는 많이 싸우고 질투도 심하지만 그만큼 끈끈한 정이 있다.

너무나 닮은 재은 재림이 자매

재은이와 재림이는 서로 안 친하다고 툴툴거리면서 서로에게 무뚝뚝하다. 하지만 세상 어디에도 없는 서로의 든든한 편인 자매이다. 둘은 신기하게 나의 멘티가 된 시기도 똑같다. 재은이가 고3 3월, 재림이도 고3 3월에 나의 멘티가 되었다. 얼굴도 닮은 두 자매는 서비스직이라는 비슷한 직업을 꿈꾸며 동일한 패스트푸드점에서 아르바이트를 하고 있다. 닮은 점도 많고 통하는 점도 많은 이 자매의 미래가 너무 기대되고 궁금하다.

어릴 적부터 예쁜 유니폼을 입은 승무원을 동경했던 재은이가 승무원이라는 꿈을 확정 지은 건 중3 때 파일럿과 승무원들의 이야기를 그린 드라마를 본 후이다. 드라마를 보면서 얼마나 가슴이 쿵쾅거리던지 빨리 본인도 유니폼을 입고 '하늘의 꽃'이 되어 비행을 하고 싶었다. 중3 이후 재은이의 꿈은 단 한 번 흔들리거나 바뀌지 않았다. 하지만 고2 겨울방학 직전까지 특별히 승무원이 되기 위해서 또는 항공과를 진학하기 위해서 준비한 것은 없었다. 아무도 학원을 다니면서 면접 준비를 시작해보라고 하지도 않았고 우선 성적

관리에 집중하라는 이야기만 들었다. 고3이 되기 직전인 고2 12월 학교 특강에서 내 강의를 듣게 되었고 그렇게 나와 재은이의 인연이 시작되었다.

몇 개월 동안 끙끙 앓기만 하다

나의 강의를 통해 항공과를 가기 위해서는 면접 준비를 필수적으로 시작해야 한다는 것을 알았지만 재은이는 선뜻 면접 준비를 시작하지 못 했다. 재은이가 주저했던 이유는 키가 엄청 큰 것도, 성적이 좋은 것도, 외모가 인형처럼 예쁜 것도 아닌 평범한 학생이었기 때문이다. "지극히 평범한 내가 그 어렵다는 승무원 공채를 통해 과연 승무원이 될 수 있을까?" 본인에 대한 확신이 없었다. 그렇게 몇 개월 동안 끙끙 앓고 있는 걸 아셨던 재은이 아버님께서 고3 3월 재은이의 손을 잡고 학원에 오셨다. 그렇게 어렵게 재은이는 나의 멘티가 되었다.

당당히 B대학에 합격하다

면접 준비를 본격적으로 시작한 재은이는 많은 고3 친구들이 그러하듯이 여러 번의 슬럼프를 겪었다. 재은이의 키는 164cm, 내신 7~8등급이었다. 그리고 '학원에는 왜 이리 예쁜 친구들이 많은 건지?', '내 키에 될까? 내 내신 등급에 합격할 수 있을까? 나는 왜 이렇게 누구에 비하면 못생겼지?' 이런 생각으로 스스로를 괴롭혀서 안쓰럽기도 했다. 교과서적 답변으로는 "비교는 옳지 않아. 너만 보고 달려라."지만 어디 그게 말처럼 쉬운가? 하지만 면접은 정말 키만 크다고 내신만 높다고 얼굴만 예쁘다고 되는 것이 절대 아니다. 선생님들과 멘토링을 통해서 점점 재은이 생각도 변하였고 초가을부터 재은이의 표정에서 자신감이 생기기 시작했다. 그리고 결과는 2년제 명문으로 떠오르고 있는 B대학에 당당히 합격하였다.

연희쌤의 한마디

특정한 스펙이 면접의 전부가 아님을 스스로 경험하고 깨닫고 나니, 세상이 달리 보이기 시작했다고 한다. 그리고 친동생인 재림이를 자신이 등록했던 시기와 같은 시기인 고3 3월이 됐을 때 학원에 데리고 왔으며, 재림이는 지금 비서라는 꿈을 이루기 위해 열심히 면접 준비를 하고 있다. 1년 전 두려워서 쉽게 용기를 내지 못하고 주저하던 재은이는 이제 없다. 성공이라는 달콤한 열매를 맛본 후 더 달콤한 열매를 얻기 위해 열정적으로 달리면서 동생까지 이끌어주는 의젓한 언니 재은이만 있을 뿐이다.

10년 후의 나에게 엽서를 보내 보자.

승객들을 미소 짓게 만드는

넌 '멋진 승무원'이라고.

특성화고에서 항공과 가기

혜빈이_이야기

매년 4,000여 명의 예승이들이 항공과를 준비하며 그 많은 학생들 만큼이나 수많은 이야기와 고민이 있다. 다양한 고민들 중에서 자주 언급되는 고민 중 하나가 바로 '특성화고에서 항공과 가기'이다. 많은 예승이들이 꼭 입학하고 싶어 하는 I대 같은 경우 수시 1차에 인문계 전형은 81명을 모집하지만 특성화고 전형은 6명을 모집한다(모집인원은 매년 달라질 수 있다). 숫자만 놓고 보면 매우 적은 인원을 뽑기 때문에 특성화고 친구들은 항공과 진학이 불리하다는 생각을 대부분 할 수밖에 없다.

누구보다 승무원이 잘 어울리는 혜빈이

혜빈이 역시 그런 생각을 할 수밖에 없는 특성화고 학생이었다. 168cm, 하얀 피부, 귀엽고 순한 강아지상의 예쁜 얼굴, 편안하고 유한 성격까지 혜빈이에게 승무원은 정말 딱 어울리는 직업이다. 그런 혜빈이가 승무원에 관심을 갖게 된 것은 중학교 1년 때이다. 하지만 그때는 꼭 승무원이 될 것이라는 확신도 없었고 어떤 준비를 해야 하는지도 잘 몰랐었다. 고등학교에 올라와서도 학교 선생님께서 은행원을 추천해 주셔서 잠시 흔들리기도 했지만 승무원이 되고 싶다는 생각은 변함이 없었다.

나를 지지해주는 사람

특성화고 친구들이 항공과 진학을 목표로 면접을 준비할 때 가장 힘들어 하는 부분 중 하나가 학교의 분위기이다. 특성화고는 아무래도 취업을 목표로 하다보니 진학보다는 취업에 대한 권유를 많이 받는다. 특성화고를 다녔던 일부 멘티 중에는 취업이 아닌 진학을 한다는 이유로 부당한 대우를 받고 속상해한 적도 있다. 그런 이유로 속상해하는 멘티들을 보면 내 마음도 아프다. 고등학교 졸업 후 바로 취업을 하는 것이 나쁘다는 이야기가 절대 아니다. 사람들은 누구나 각자 자신의 인생이 있고 자신의 계획에 의해 인생을 만들어 나간다. 물론 모든 특성화고의 분위기가 그런 것은 절대 아니다. 다행히 혜빈이의 의견과 계획을 지지해 주시는 담임선생님을 만났고, 꼭 승무원이라는 꿈 이루었으면 좋겠다는 담임선생님의 말씀에 더 용기를 내고 포기하지 않았다고 한다.

누구보다 성실했던 혜빈이

고2까지 꿈은 있었지만 구체적인 계획도 이루어 놓은 것도 없었던 혜빈이는 고3이 되자 불안해지기 시작했고, 같은 꿈을 꾸었던 은경이와 함께 직접 발로 뛰기 시작했다. 정보를 찾고 설명회 등을 찾아다니면서 나를 알게 되었고 혜빈이와 은경이는 나의 멘티가 되었다. 3월부터 본격적인 면접 준비를 시작한 혜빈이는 참 성실한 학생이었다. 처음 혜빈이가 학원에 왔을 때 무릎 사이의 간격이 3~4cm 정도였다. 혜빈이는 알려준 스트레칭을 매일매일 연습했고 가을 면접이 시작될 무렵 혜빈이의 무릎은 딱 붙었다. 이 일화만으로도 이 친구가 얼마나 열정과 끈기를 가지고 노력했는지 알 수 있을 것이다. 자세가 변한다는 것은 참 쉽지 않다. 그것도 무릎 사이의 간격이 3~4cm 정도 떨어진 친구가 약 6개월 만에 이를 고쳤다면 정말 악바리로 연습했다는 방증이다. 진정한 노력은 배신을 하지 않았다. 희망했던 4년제 항공과와 2년제 항공과가 모두 합격하여 '선택'이라는 행복한 고민에 빠졌던 혜빈이는 2년제를 선택했고 K대 항공과에 입학했다.

연희쌤의 한마디

영화나 드라마의 주인공을 보면 역경과 위기를 이겨내고 헤쳐 나간다. 영화 같은 인생을 살아야 한다는 의미로 하는 말이 아니다. 지금의 나의 고민과 힘든 상황을 '왜 대체 나만 이래?', '왜 나만 이렇게 힘들어'라고 생각하며 절망하지 말라는 것이다. 아무리 화려하고 완벽해 보이는 인생도 역경과 아픔이 있다. 특성화고 전형은 상대적으로 인원을 적게 모집해 힘들기도 하지만, 일부 대학은 특성화고 전형이 따로 없어서 그럴 경우 내신관리가 인문계보다 더 유리하여 내신점수에서 더 높은 점수를 받는 장점이 있다. 같은 상황에서 누군가는 긍정을 누군가는 부정을 바라본다. 과연 누가 행복할까? 정답은 여러분이 더 잘 알 것이다.

때론,

걱정되고 슬프고 무서워도 웃어요.

여러분은 예비승무원이니까요.

승무원 관련 영화 & 드라마

이진욱이라는 배우가 남자승무원으로 나오는 〈너를 사랑한 시간〉이라는 드라마가 있다. 시간적 여유가 된다면 승무원을 소재로 만든 영화나 드라마를 보면서 동기부여 하는 시간을 가져보는 걸 추천한다.

해피플라이트

기장 승격 최종 비행을 앞둔 부기장 '스즈키'(다나베 세이지)는 까다롭기로 소문난 기장 '하라다'와 함께 호놀룰루행 비행기에 오른다. 시도 때도 없는 기장의 테스트에 이륙 전부터 초긴장 상태의 '스즈키' 한편, 초보 승무원 '에츠코'(아야세 하루카) 역시 마녀 팀장을 만나 혹독한 국제선 데뷔를 치른다. 전쟁터를 방불케 하는 객실에서 실수 연발하는 '에츠코', 호놀룰루에 무사히 도착하면 모든 게 끝난다는 그들의 바람과 달리, 비행기에서는 기체 결함이 발견되고 도쿄로 긴급 회항 명령이 떨어진다. 과연 부기장 '스즈키'와 초보 승무원 '에츠코'는 무사히 공항으로 돌아올 수 있을까?

뷰 프롬 더 탑

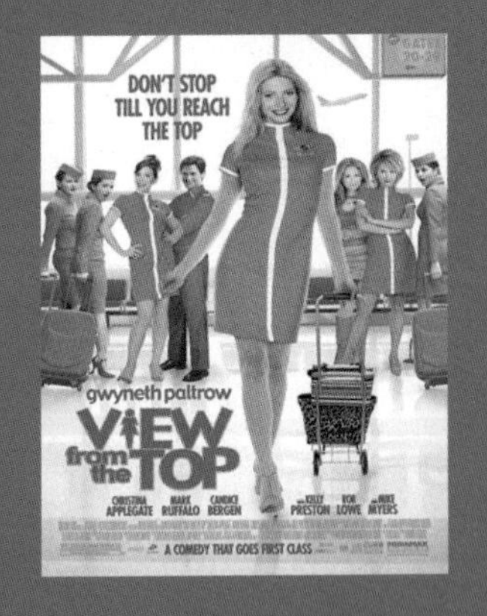

쇼걸 출신의 엄마 덕에 매번 바뀌는 아빠, 그래서 더 지긋지긋한 고향, 사랑했던 남자친구를 다른 여자에게 빼앗긴 뒤, 눈물로 그를 지워가며 우연히 보게 된 성공한 승무원의 인터뷰, 마침 고향을 떠나 새로운 삶을 찾아 나설 때가 되었다고 느낀 '도나'는 무작정 승무원이 되기 위해 항공사를 찾아간다. 가진 능력이 없었기에 그녀가 처음 들어간 항공사는 몸매가 드러나는 옷을 입고 주정뱅이나 노름꾼들을 타깃으로 한 소규모의 항공사였다. 그러나 얼마 지나지 않아 그녀에게 더 큰 항공사로의 취업 기회가 찾아오고 기회를 잡아 당당히 더 큰 항공사로 일자리를 옮기고 성장해가는 모습을 그린 영화다.

어텐션 플리즈

록밴드를 하며 즐겁게 지내던 소녀 미사키 요코는, 자신의 짝사랑 상대가 장난으로 승무원과 사귀고 싶다는 얘기를 한다. 그 말에 무작정 승무원이 되기로 결정한 그녀. 도쿄로 상경해서 우여곡절 끝에 합격한다. 스튜어디스가 되기 위한 본격적인 과정에 들어가게 되지만 자유분방하던 그녀에게 딱딱한 규칙이 있는 승무원은 못 견딜 노릇이다. 하지만 여러 사건들을 겪으면서 짝사랑 상대에게 보여주기 위함이 아니라 점점 승무원으로서 멋진 여성으로서 성장해가는 과정을 그린 드라마이다.

팬 암

1960년대에 호황을 이루었던 팬 암 항공사를 배경으로 승무원들과 기장 그리고 그들의 이야기를 다룬 드라마. 1960년대 역사 속으로 사라진 항공사를 배경으로 한 만큼 화려한 세트, 1960년대 유행패션, 파일럿과 스튜어디스들의 사랑과 우정, 흥미로운 직업 세계 등 재미있는 요소를 많이 보여주고 있어 미국 방영 당시에도 많은 사랑을 받았다. 세계를 옮겨 다니며 펼쳐지는 파일럿과 스튜어디스들의 로맨스. 헤드스튜어트 매기, 신입 승무원 로라, 부함장 테드 이렇게 세 명의 캐릭터가 매력을 뽐낸다.

스튜어디스 다이어리(Mile High) 시즌 1, 2

영국의 인기 TV 드라마로 승무원들의 애환과 사랑을 그린 드라마. 같은 항공사에서 근무하는 여섯 명의 승무원들이 세계 각지를 날아다니며 열심히 일하는 모습을 드라마로 그려냈다. 다양한 승무원의 모습을 볼 수 있다.

I can do it

OO대학교 예비승무원 대회
정신없던 시간이 지나고…

드디어 결과 발표 날!
(긴장…)

불

또 떨어졌어?

이제
그만 포기해!

안 되는 거
왜 자꾸 해?

그게···
너랑 나랑 다른 점이야.

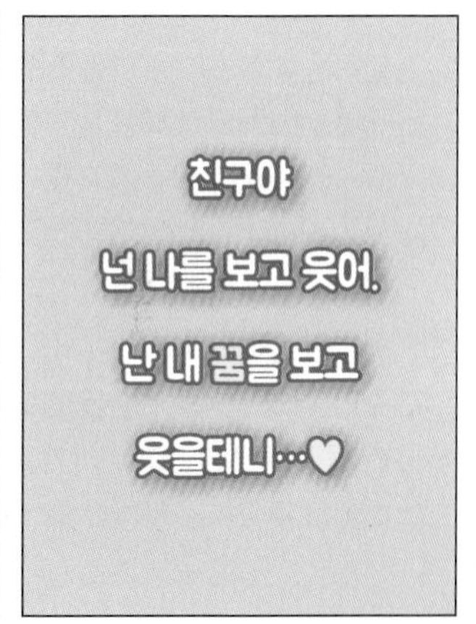
친구야
넌 나를 보고 웃어.
난 내 꿈을 보고
웃을테니…♥

매력적인 자기소개서 작성법

면접 준비를 처음 시작하는 예승이들이 가장 먼저 준비하는 답변이 바로 자기소개일 것이다. 쉬울 거 같지만 쓸수록 고민이 깊어지고 고칠수록 부족한 점이 느껴지는 자기소개서, 이제 제대로 써보자.

■ 자기소개서란?

자기소개서 체크 포인트

- ☐ 비전을 가지고 있는가?
- ☐ 서비스 마인드가 있는가?
- ☐ 어떠한 성격의 소유자인가?
- ☐ 매사를 긍정적으로 바라보는가?
- ☐ 조직(학교)에 화합하며 더불어 생활할 수 있는가?
- ☐ 승무원으로서 자질을 갖추고 있는가?
- ☐ 외국어 실력을 갖추었는가?

예승이들이 가장 신경 쓰고 공들이는 답변이 바로 자기소개이다. 항공과 면접에서 자기소개서를 면접 전 미리 제출하는 대학은 극히 일부이다. 그렇다면 자기소개서를 준비할 필요는 없는 것일까? 면접 시 자기소개를 해보라는 질문이 있으므로 제대로 된 자기소개서 하나는 여러 대학을 면접 보면서 유용할 것이다. A대학에서 말하는 자기소개와 B대학에서 말하는 자기소개가 다를 필요는 없다. 또한 자기소개를 해보라는 질문이 아니더라도 준비한 자기소개서의 내용 일부를 답변하는 경우도 있다. 예를 들어, "언제부터 승무원을 꿈꾸었나?", "내가 갖춘 승무원의 자질은 무엇인가?" 같은 질문일 수 있다. 그러므로 제대로 된 자기소개서는 예승이들에게 필수다. 자기소개서는 나를 보여주는 광고이다. 흔하지 않으면서 다른 사람이 아닌 나를 고스란히 보여 줄 필요가 있다. 가끔 본인이 희망하는 대학에 합격한 선배의 자기소개서를 외우는 경우가 있다. 과연 매력적인 응시자일까? 면접관들은 수만 명의 승객을, 수천 명의 학생들을 이미 만난 사람이라는 것을 잊지 말자. 어느 정도 이 응시자가 본인의 이야기를 하는지 남의 이야기를 자기 이야기인 듯 말하는지 정도는 알아차릴 수 있다. 자기소개를 통하여 응시자의 대인관계, 평소 성격, 인생관, 우리대학에서

적응력, 승무원으로서 장래성을 파악한다는 것을 알아야 한다.

■좋은 자기소개서

면접 시 면접관이 내가 쓴 자기소개서를 지문으로 읽으면서 나의 답변을 듣는 것이 아니다. 때문에 자기소개서는 표현이 명료하고 간결한 것이 좋다. 추상적인 표현은 피하고 구체적인 사례를 들어서 작성하는 것이 좋다. '승무원의 자질 중 하나인 체력만큼은 자신 있습니다.'라고 썼다면, 교내 체육대회에서 계주 1등을 한 적이 있다든지 꾸준히 어떤 운동을 배우고 있다든지 등의 구체적인 사례를 들어주면 훨씬 더 신뢰감이 든다. 기승전결로 짜임새 있게 작성하면 좋고 고사성어, 속담, 명언 등을 적절하게 인용하는 것도 호감을 줄 수 있다.

자기소개서에서 호감을 주는 문구

- 긍정적이고 밝은
- 책임감과 협동심이 많은
- 열정적인
- 친구가 많은
- 독립적인
- 팀워크
- 성실하고 근면한
- OO분야의 전문가가 되고 싶습니다.
- OO한 경험을 통해 OO을 키웠고
- 최선을 다하는

■비호감형 자기소개서

나를 설명하는 요지도 없이 빈약한 내용에 두서없이 주절주절 말하는 자기소개는 듣기 싫다. 면접관은 나와 비슷한 응시자들을 하루에 몇백 명이나 만나는 빡빡한 면접 일정을 소화한다. 면접을 보는 나도 매우 힘들고 긴장되지만, 아침부터 저녁까지 같은 자리에 앉아서 비슷한 응시자들을 만나고 평가하는 면접관도 매우 힘들고 지치기는 마찬가지이다. 때문에 그저 그런 자기소개서로 면접관의 마음을 사로잡기는 힘들다. 인터넷상에서 떠돌아다니는 자기소개서나 문구들은 쳐다보지도 않는 것이 좋다. 형식적인 내용으로 이루어진 자기소개서, 애매모호하며 성장배경 설명으로 열거된 자기소개서 또한 매력적이지 못하다. 마지막으로 자기자랑으로 가득한 자기소개서는 피해야 한다. 가끔 스펙이 좋고 강조할 장점이 많은 응시자들이 하는 큰 실수이다. 모든 것을 다 보여 주려다가 오히려 부정적 이미지만 남길 수 있다. 강조할 경력 1~2개 정도를 구체적으로 말하는 것이 훨씬 효과적이다.

자기소개서에서 식상함을 주는 문구

- '나는, 저는'으로 시작하는 문장이 중복
- 뽑아만 주신다면
- 우등생, 반, 1등
- 엄격하지만 자상하신 부모님의 가르침
- 화목한 가정의 몇 남 몇 녀 몇째로 태어나
- 초일류, 최고의, 최상의
- 무슨 일이든 열심히
- 솔직히 말씀드리면
- 준비된 인재
- 약속드립니다.

■ 자기소개서 포인트

자기소개서는 첫 부분부터 보는 사람의 눈길을 사로잡을 필요가 있다. 때문에 첫머리에 신경을 써야 한다. 평소에 좋아하는 명언, 속담, 고사성어 등을 이용하여 눈길을 끄는 것도 좋다. 지원동기는 구체적이고 명확하게 서술하는 것이 좋다. '비행기를 처음 탔을 때 승무원의 아름다운 미소를 보고 나도 저런 사람이 되고 싶다는 생각으로 승무원을 꿈꾸게 되었습니다.', '평소에 여행을 좋아하는 저는 일도 하면서 여행도 할 수 있는 승무원이라는 직업에 매력을 느끼게 되었습니다.' 가장 흔하고 식상한 지원동기이다. 내가 어떤 계기로 승무원이 되고 싶었는지 나는 어떤 승무원이 되고 싶은지 충분히 고민하고 생각해 보자. 나의 능력을 어필할 때는 구체적이며 납득이 가는 사례를 꼭 말하자. 마지막 포부와 비전에 대해서 말할 때는 어느 대학이나 동일하게 말하는 것보다는 해당 대학교 사이트를 꼭 확인하고 학교별 교육철학과 커리큘럼에 맞게 포부와 비전을 말하는 것이 훨씬 준비된 호감형 응시자로 보일 수 있다.

Dreams come true

나의 꿈은 외항사 승무원

다정이_이야기

한 해 두 해 더 많은 예승이들을 만나고 알아가고 이야기를 나누면서 '예승이들의 열정에 감탄'한다. 나의 고등학교 시절을 떠올려서 비교해 보면 더 그러하다. 나는 어떤 직업을 가지면 좋을까에 대해 고민하고 공부도 했지만, 꿈에 대한 확신과 그 꿈에 대한 정보는 많이 부족했다. 그에 비해 요즘 예승이들은 스스로 정보도 찾고 꿈을 이루기 위해 직접 움직이고 부딪치는 모습이 정말 너무 멋지다. 꿈을 정하고 어떠한 노력도 없이 가만히 있는다면 시간만 흐를 뿐 꿈이 저절로 이루어지진 않는다. 다정이 또한 이 사실을 잘 아는 현명한 친구였다.

진로에 대한 진지한 고민

다정이의 꿈은 외항사 승무원이다. 승무원이라는 직업에 매력을 느끼고 꿈을 꾸기 시작한 건 고2 겨울쯤이었다. 그전까지는 경영 쪽으로 진로를 정할 생각이었다. 경영에 큰 관심이 있었던 건 아니지만 그냥 잘할 수 있는 일 같았다. 하지만 대학 입학을 결정지을 시간이 1년도 채 남지 않는 고2 겨울이 되자 '경영' 쪽이 과연 나랑 잘 맞을지에 대한 고민이 많아졌다. 그러면서 자신의 성격과 잘 맞고 즐겁게 일할 수 있는 직업이 무엇일까에 대해서 더 진지하게 고민하였고 고민 끝에 승무원이라는 직업을 선택했다. 그렇게 다정이는 고2 겨울에 승무원이라는 꿈을 정했고 그때부터 무엇을 하면 좋을까에 대한 고민에 빠졌다.

승무원이 되기 위해서 어느 대학의 어느 과를 갈지를 결정해야 했다. 어문계열학과와 항공과 중 선택하려 했던 다정이는 3~4등급의 내신등급으로 가능한 대학의 학과커리큘럼을 알아본 후 항공과를 가기로 결정하였다. 고2 겨울방학이 되자, 이제는 면접 준비도 고민해야 했고 혼자 하는 건 무리가 있다고 판단한 다정이는 학원을 다니기로 결정했다. 다정이의 집은 안성이어서 승무원 학원이 없었고 무조건 시외버스를 타고 서울 또는 인천으로 와야 했다. 다정이는 학원 선택 기준에 있어서 무엇보다 친근하게 소통이 되는 쌤들을 만나고 싶었다고 한다. 내신 학원 선생님의 추천으로 다정이는 부모님과 함께 상담을 왔고, 밝고 긍정적인 다정이가 나의 멘티가 되었다.

배움을 통해 꿈의 구체화

집에서 학원까지 2시간이 넘는 거리였지만 주말마다 만나는 다정이는 늘 밝고 경쾌했다. 승무원에 관련된 것들을 하나씩 배울수록 승무원이라는 직업의 매력에 점점 빠지게 되었다. 처음부터 다정이가 외항사 승무원을 꿈꾸었던 것은 아니다. 고2 겨울방학 꿈을 정할 때는 그저 '하늘의 꽃'인 승무원이 되고 싶었지만 입사하고 싶은 항공사까지 명확하게 정하지는 않았었다. 그런데 학원에서 국내항공사와 외국항공사에서 근무하셨던 쌤들의 다양한 경험담을 들으면서 점점 시야가 넓어졌고, 외국 항공사가 키나 외모보다는 그 사람의 능력을 더 평가받을 수 있다고 생각을 한 다정이는 외항사 승무원이라는 더 구체적인 꿈을 꾸기 시작하였다.

점점 커지는 영어욕심

외항사 승무원이라는 구체적인 꿈이 정해지자 영어에 대한 욕심이 더 생기기 시작했다. 그럴 것이 외국항공사의 면접은 100% 영어로 진행된다. 국내 항공사 면접이 한국어로 진행되는 것처럼 외국항공사의 면접은 영어로 해야 하는 것이다. 당연히 뛰어난 영어회화실력을 갖추어야 할 필요가 있다. 처음 목표로 했던 국내 대학 항공과에서 공부하면서 외국항공사에서 요구하는 영어인터뷰 능력을 갖출 자신이 없었다. 그래서 다정이는 항상 영어를 쓸 수 밖에 없는 외국대학에 눈을 돌렸고, 마침 학원에서 국제대학 항공과와 양해각서(MOU)를 체결해서 관련 설명회를 들을 기회가 생겼다. 설명회를 들은 후 다정이는 외항사 승무원 그리고 국제대학 항공과 진학이라는 확고한 목표를 정하게 되었다. 다정이의 의견을 존중하고 다정이를 믿는 부모님도 외항사 승무원이 되기 위해선 영어의 생활화가 중요하다고 판단하셨다. 그렇게 다정이는 유학을 가서 새로운 생활을 시작했다.

연희쌤의 한마디

국내항공사보다 근무환경도 자유롭고 신장 150cm 후반도 지원이 가능하기 때문에 외국항공사 승무원을 꿈꾸는 친구들이 점점 많아지고 있다. 하지만 많은 친구들이 어떤 준비를 해야 할지 막막해하는 경우가 많다. 외항사승무원 또한 승무원이 갖추어야 할 자질은 모두 같다. 여기에 영어인터뷰 능력까지 갖춘다면 어느 외국항공사에서나 탐내는 인재가 될 것이다. 다정이의 목표 항공사는 카타르 항공이다. 자주색 유니폼을 입은 다정이의 모습을 상상만 해도 이리 설레는데, 실제로 그 유니폼을 입은 다정이를 만나는 날에는 얼마나 행복할까? 꿈은 이루어진다. 다정이처럼 본인의 꿈에 대해 진지하게 고민하고 행동하고 발전해 나간다면, 여러분의 꿈도 다정이의 꿈도 이루어지는 날이 올 것이다.

하루하루는 지나가는 것이 아니라 쌓이는 것이기에
어제의 나, 오늘의 나, 내일의 나,
차곡차곡 쌓여서 마침내 나의 꿈을 이룬다.

Dreams come true

어문계열이 아닌 항공과를 선택한 이유

지연이_이야기

목소리가 좋다는 건 매력적인 장점 중 하나이다. 특히 항공과 대학과 항공사 공채는 면접 비중이 상당히 높으므로, 목소리가 좋으면 합격의 무기를 하나 쥐고 있다고 생각해도 과언이 아니다. 나의 멘티 지연이는 합격의 무기 하나를 제대로 가지고 있는 매력 보이스의 소유자이다. 지연이를 만나기 전 전화통화로 먼저 상담을 했다. 차분하면서도 신뢰감 주는 목소리 그리고 야무진 말투와 조곤조곤 자신의 이야기를 풀어나가는 뛰어난 어휘능력에 만나기도 전부터 반했던 기억이 있다.

바이올리니스트를 꿈꾸었던 초중시절

누구나 호감을 느낄만한 좋은 목소리를 가지고 있는 지연이를 보면서 '아나운서'를 해도 잘 어울리겠다는 생각을 한 적이 있다. 실제로 지연이는 중3 때 잠깐 아나운서를 꿈꾸기도 했다. 아나운서, 선생님, 승무원과 같이 차분하고 지적인 직업군이 잘 어울리는 지연이는 반전의 매력도 지니고 있다. 음악적 재능까지 갖추고 있어서 8살 때부터 바이올린을 시작하여 중2 때까지 바이올리니스트를 꿈꾸고 모든 열정을 바이올린에 쏟았었다. 중2까지 바이올린과 함께 하는 인생만 그렸던 지연이는 집안의 재정적 지원이 어려워지고, 지연이 또한 부모님을 더 이상 힘들게 해드리고 싶지 않았기에 바이올린은 취미로만 하자 마음을 정하고 공부에 집중하였다.

유럽에서 승무원이라는 꿈을 정하다

8년 동안 인생의 전부를 차지했던 것을 한순간 놓는다면 공허하기도 하고 막막하기도 했을 것이다. 하지만 지연이는 정신력이 강하고 집중력이 있는 야무진 친구였다. 힘들수록 더 공부를 열심히 했고 그때 아나운서나 선생님이라는 직업도 괜찮겠다는 생각을 했었다. 그런 지연이가 승무원을 꿈꾸게 된 건 중3 겨울방학이었다. 교회 프로그램으로 유럽에 가서 자신을 돌아보고 꿈을 생각해 보는 소중한 시간을 갖게 되었다. 혼자 외국을 나간다는 것이 어렵게 생각될 수도 있지만, 어릴 적 오사카에 계신 할머니 댁을 매년 방문했던 일이 좋은 기억으로 남아, 비행기를 타는 것도 낯선 타국도 모두 좋은 느낌이었다고 한다. 외국 사람들과 어울리고 소통하는 것도 매력적이었다. 이런 이유를 종합했을 때 '승무원'이 자신에게 딱 맞는 직업이라는 결론을 내렸다. 그렇게 중3 겨울방학 지연이는 자신의 꿈을 확정 지었고 꿈에 다가가기 위해 내신공부도 영어공부도 성실히 했다.

지연이의 내신은 2등급으로 공부를 꽤 잘했다. 그렇기에 부모님과 학교 담임선생님께서는 성적관리를 꾸준히 하여, 수도권 4년제 어문계열을 진학한 뒤 취업준비를 승무원으로 하길 바라셨다.

하지만 지연이의 생각은 조금 달랐다. 승무원은 8년 동안 꿈꾸었던 바이올리니스트 다음에 찾아온 간절하게 꼭 이루고 싶은 꿈이었다. 그 꿈을 이루는데 돌아가고 싶지 않았다. 항공과를 진학하여 본인이 좋아하고 관심 있는 분야를 공부하고 싶었다. 지연이는 고2 때 항공과 진학을 결정지었다.

진심은 결국 통한다

지연이가 항공과를 결정했을 때 유일하게 지지해 주셨던 분은 호주에 살고 계신 지연이 이모님이셨다. 지연이는 첫 상담 때도 자신의 지지자인 이모님과 함께 왔었다. 야무진 지연이라면 어디서 무엇을 배우든 잘 해내리라 믿으셨던 이모님은 지연이 가족을 설득해 주셨다. 진심어린 설득 끝에 지연이는 나의 멘티가 되었고, 고2 여름방학부터 내신 등급도 유지하며 면접 준비에도 늘 최선을 다했다. 장점이 많은 지연이었지만, 준비를 하면서 가끔은 자신이 승무원상에 맞지 않은 이미지라는 생각에 슬럼프가 오기도 하였다. 하지만 그때마다 마음을 다잡으며 마인드 컨트롤에도 성공한 지연이는 그토록 원하던 4년제 항공과 대학에 입학했다.

연희쌤의 한마디

8년 동안 전념했던 꿈을 접어야 한다면 그 마음이 어떨까? 그 좌절감과 고통은 중학교 2학년 여학생이 견디기에는 참 많이 힘들고 아팠을 것이다. 그런 상황을 이겨내는 방법을 방황이나 일탈이 아닌 공부를 선택했던 지연이. 음악을 했던 친구가 인문계 고등학교에서 독학으로 공부하면서 내신 2등급을 유지한다는 것은 정말 쉽지 않은 일이다. 지연이의 초중고 학창 시절 이야기를 듣다 보면 존경심이 드는 친구다. 조용하고 차분하지만, 의지가 강하고 열정이 넘치는 지연이는 결국 승무원이라는 꿈도 꼭 이루어 내리라 굳게 믿는다. 지연이가 마침내 꿈을 이루어 내어 활짝 웃는 그 날이 오길 오늘도 응원한다.

'on air'

하늘 위에서

기내 방송하는 그날까지

스카이팀 & 스타얼라이언스

대한항공 기내방송을 들어보면 '스카이팀 회원사인 저희 대한항공은'이라는 멘트가 있다. 그러면 스카이팀은 무엇일까? 우리나라 메이저 항공사인 대한항공과 아시아나항공은 각각 스카이팀과 스타얼라이언스라는 항공 동맹에 소속되어 있다. 항공 동맹(航空同盟, Airline alliance)은 여러 항공사 간의 연합체를 말한다. 이들 동맹이 서로 연합함으로써 다양하고 최적화된 항공 운항과 비용 절감에 따른 운임 할인 그리고 마일리지 및 라운지 공유 등의 장점을 갖게 된다.

스카이팀

스카이팀은 2000년 6월 22일에 설립된 항공 동맹으로 대한항공, 델타항공, 아에로 멕시코, 에어프랑스의 4개사가 창설하였고, 마일리지 적립과 라운지 이용 등의 서비스를 공동으로 제공하며, 공동운항을 통하여 169개국의 900곳 이상의 목적지로 매일 약 14,000여 편의 항공편을 스카이팀 네트워크 연결을 통하여 고객들에게 제공한다. 스카이팀 제휴 항공사는 대한항공, 아에로플로트, 아르헨티나항공, 아에로멕시코, 에어유로파, 에어프랑스, 알리탈리아, 중화항공, 중국동방항공, 체코항공, 델타항공, 가루다인도네시아항공, 케냐항공, KLM네덜란드항공, 미들이스트항공, 사우디아항공, TAROM루마니아항공, 베트남항공, 샤먼항공이 있다.

스카이팀(2020년 기준)
- 총 회원사 : 19사
- 취항 공항 수: 1,036개소
- 취항 국가 수: 170개국
- 연간 여객 수: 6억 7천 6백만 명
- 보유 기재 수: 2,734기

스타얼라이언스

스타얼라이언스는 1997년, 5개 항공사가 글로벌 항공 동맹체인 스타얼라이언스를 설립했다. 각 항공사마다 고유한 문화와 서비스 스타일을 지니고 있는데, 회원 항공사는 광대한 글로벌 네트워크 전체에 걸쳐 원활한 항공편 연결을 제공한다. 독일 프랑크푸르트에 위치한 기업이 공항에서의 동일 장소 배치, 기반 시설, 커뮤니케이션 계획 및 기타 서비스를 비롯한 스타얼라이언스 활동을 조정한다. 스타얼라이언스의 제휴 항공사는 아시아나항공, 에게안항공, 에어캐나다, 에어차이나, 인도항공, 에어뉴질랜드, 전일본공수, 오스트리아항공, 브뤼셀항공, 코파항공, 크로아티아항공, 이집트항공, 에티오피아항공, 에바항공, LOT폴란드항공, 아비앙카항공, 루프트한자, 스칸디나비아항공, 심천항공, 싱가포르항공, 남아프리카항공, 스위스국제항공, TAP포르투갈항공, 타이항공, 터키항공, 유나이티드항공이다.

스타얼라이언스(2020년 기준)
- 총 회원사 : 26사
- 취항 공항 수 : 1,294개소
- 취항 국가 수 : 195개국
- 연간 여객 수 : 6억 3762만 명
- 보유 기재 수 : 5,033기

키 크는 방법
– 키를 크게 만들어 주는 요가, 스트레칭(2)

❶ 두루마리 휴지를 준비한 다음 양발의 뒤꿈치 사이에 끼워 준다.

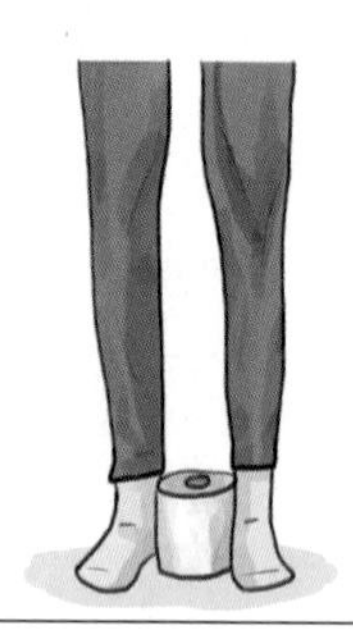

❷ 휴지를 한 개 더 준비하고 무릎 사이에 끼워 준다.

❸ 발뒤꿈치, 무릎, 엉덩이에 최대한 힘을 주어 모아 준다.

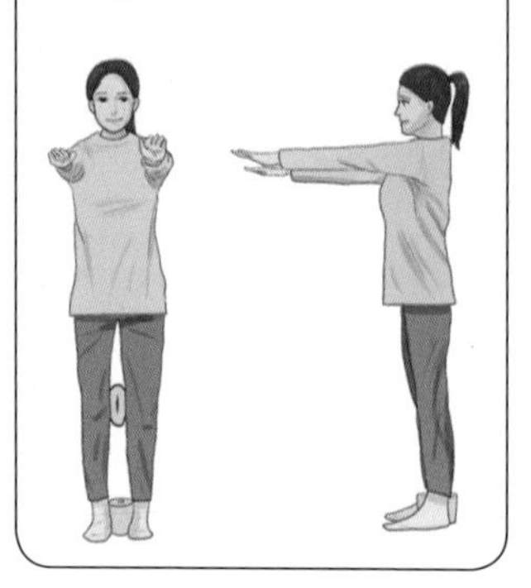

❹ 시선을 정면을 보고 양팔을 나란히 한다.

❺ 옆에서 봤을 때 등과 머리가 일직선이 되도록 하고, 허리는 꼿꼿이 세운다.

❻ 무릎을 그대로 굽혀 준다. 무릎이 발끝보다 튀어나오지 않도록 주의한다.

❼ 그대로 천천히 다시 일어선다.

❽ 양손을 깍지 끼고 머리 뒤로 넘겨 준다.

❾ 깍지를 낀 상태에서 양팔을 뒤로 당겨 준다.

❿ 깍지가 끼워져 있는 양팔을 다시 원위치로 만든다.

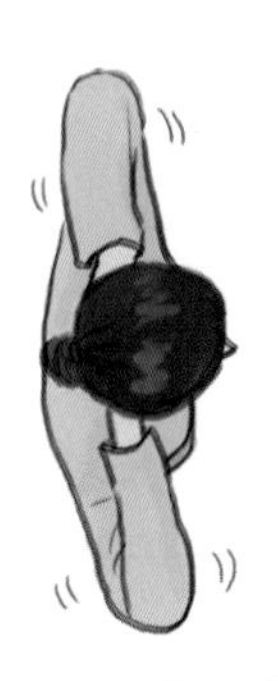

⓫ 휴지가 끼워져 있는 발꿈치에 힘을 준다.

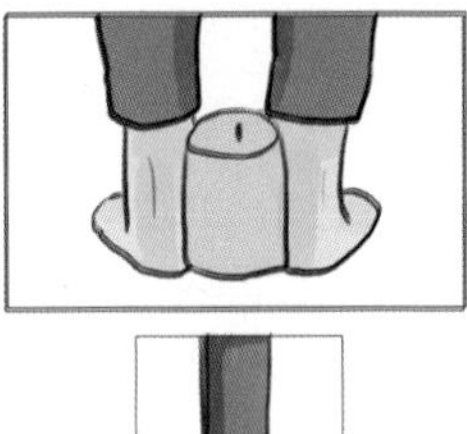

⓬ 휴지가 끼워져 있는 상태 그대로 발꿈치를 들어 올렸다가 내려 준다.

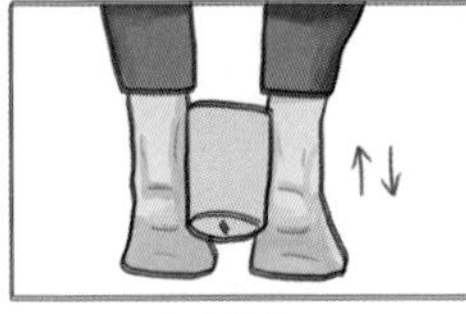

⓭ ❽, ❾, ❿, ⓫, ⓬의 동작을 동시에 하되, 5분간 반복한다.

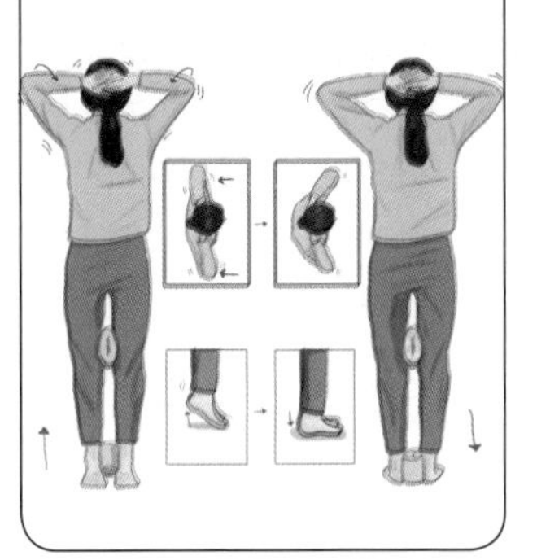

항공과 면접 시 유의사항

항공과 대학의 면접 비중은 매우 높다. 4년제 대학의 경우 평균 40~50% 정도이며 2년제 대학의 경우 실질 면접 반영 비율은 최소 60%가 넘기 때문에 2년 반 동안 쌓아온 내신보다 단 하루 짧은 면접에 의해서 합격과 불합격이 결정되는 경우가 비일비재하다. 후회가 남지 않도록 면접 준비를 철저히 하자.

■ 면접 전날 꼭 해야 할 일

내일 면접 보는 학교가 어디인지를 반드시 확인해야 한다. '어떻게 그 중요한 면접 날을 헷갈릴 수가 있어?'라고 생각할 수 있지만, 많으면 하루에 3~4개 대학의 면접을 보는 경우도 있고, 면접 스케줄이 빽빽하다 보니 혼동을 하는 경우가 있다. 실제 S대 면접 날에 I대로 가서 면접을 보지 못한 경우가 있었다. 내일 면접 보는 학교가 어디인지 교통편은 어떻게 되는지 꼼꼼하게 확인할 필요가 있다. 그리고 학교별 면접 복장도 잘 챙겨야 한다. 대부분 교복 또는 면접복을 권장하는데, 블라우스 대신 흰 티를 입어야 하는 경우도 있으며 구두를 신거나 슬리퍼를 제공하는 학교가 있기 때문에 반드시 면접 보는 학교의 복장을 미리 점검해야 한다.

컨디션 관리 또한 중요하다. 수시 1차 면접은 환절기인 10월 초에 대부분 진행되므로 감기를 조심해야 하며, 스카프는 꼭 두르고 다니고, 잘 때도 목에 좋은 차를 마시고, 가벼운 스카프는 하고 자는 것이 좋다.

■ 면접 당일 점검 사항 및 준비 사항

면접 당일에는 헤어를 먼저하고 메이크업을 하는 것이 좋다. 교복에는 포니테일, 면접복에는 쪽머리를 권장하며 메이크업은 최대한 학생다운 수수한 모습을 보여 주는 것이 좋다. 서클렌즈는 어느 대학이든 착용금지이므로, 렌즈를 착용하는 경우 반드시 투명렌즈를 착용한다. 최근 이슈되는 주제에 대해서 파악하는 것이 좋으므로, 아침에 TV 뉴스를 듣거나 면접 보러 가는 길에 신문의 사회 또는 문화면을 보면 도움이 된다.

아침밥을 거르면, 두뇌 회전에 필요한 당질이 부족하기 때문에 집중력과 사고력이 저하된다. 면접관들의 기습 질문에도 당황하지 않고 빠른 두뇌회전으로 호감 가는 답변을 하려면

아침은 꼭 먹는 것이 좋다. 부담스러운 음식은 긴장을 하여 체할 수 있다. 가벼운 죽이나 수프 또는 평소에 좋아하는 부담스럽지 않은 한식을 권장한다.

■응시자들의 나쁜 습관

- 얼굴에 경련이 일어나거나 경직된 모습을 보인다.
- 눈동자가 흐리고 안정되지 못하며 자주 움직이거나 곁눈질을 한다.
- 부자연스럽고 편안하지 않으며 가식적인 느낌을 준다.
- 음성이 갈라지거나 작거나 크거나 빠르게 혹은 느리게 말한다.
- 무릎과 무릎 사이가 벌어진다.
- 말을 더듬거나 말투가 충동적이며 말의 흐름이 일정하지 않다.
- 걸음걸이가 불안정하며 어수선하게 걷는다.
- 손을 움직이거나 발을 움직인다. 눈을 자주 깜박이거나 한숨을 내쉰다.
- 자기중심적 경향이 강하거나 이기적인 모습을 보인다.
- 태도가 불량하거나 건방져 보인다.
- 인터넷 채팅 용어나 은어, 속어 등을 사용한다.
- 열정이 없어 보인다.
- 시종일관 부정직한 자세로 소극적이거나 방어적인 모습으로 일관한다.
- 면접장에 남자친구(여자친구)나 부모와 동행한다.
- 경쟁하는 학교와 착각하여 경쟁하는 학교의 이름을 거론한다.

■면접의 꿀 팁

면접은 첫째도, 둘째도 자신감이 제일 중요하다. 어떠한 상황에서도 자신감 있게 정중하지만 당당한 모습을 보여준다면 분명 매력적인 응시자가 될 수 있을 것이다. 예의 바른 태도는 기본 중에 기본이다. '정중하지만 당당한' 모습을 보여 주라고 해서 건방져 보이면 이미지는 독이 된다. 이것은 면접장 안에서만 해당하는 사항이 아니다. 집을 나서는 순간부터 면접 시작이라는 마음을 갖자. 내가 이용하는 대중교통에서도 학교 내에서도 면접관과 선배들을 만날 수 있다는 사실을 잊지 말자. 불필요한 내용의 말은 삼가는 것이 좋다. 대답이 너무 길어지면 자칫 지루해 질 수도 있으며 다른 사람을 배려하지 않는 것처럼 보일 수 있다. 간결하면서도 기억에 남는 대답을 할 수 있도록 답변 준비를 하자.

Dreams come true

시행착오는 누구나 겪어

소희_이야기

'Most folks are about as happy as they make up their minds to be.' 행복은 마음먹기에 달려 있다는 에이브러햄 링컨의 명언이다. 아직도 배울게 많고 모자라지만 나이가 들수록 마음을 다스리는 게 참 중요하다는 사실은 알게 되었다. 내가 얼마나 많은 걸 가졌는지가 중요한 게 아니라 얼마나 스스로의 삶에 만족하며 살아가는지가 중요하고, 위기의 상황이 닥치는 것이 중요한 것이 아니라 그 위기 상황을 극복해 내는지 포기해 버리는지가 중요하다. 소희는 자신의 난관을 극복해 내고 개척해 나가는 멘티이다.

예뻤던 그 언니처럼 되고 싶어

소희는 초등학교 때 가족여행을 가는 비행기 안에서 음료수가 맛있어서 한 잔 더 달라고 부탁했는데 활짝 웃으며 음료수를 건네주는 승무원의 모습이 인상적이었다고 한다. 친절하게 안내해주고 상냥하고 예쁜 말씨도 부러웠다. 초등학교 6학년 때 어머니와 서점을 간 적이 있는데, 그때 구입한 〈직업백과사전〉을 보면서 나에게 맞는 직업이 무엇일까를 고민하다가 제주도 여행 때 비행기 안에서 만났던 예쁜 언니가 '승무원'이라는 것을 알게 되었다. 그 언니처럼 미소가 예쁘고 승객들에게 편안함을 주는 승무원이 되고 싶다고 결심하였다. 그 후로 소희의 꿈은 바뀐 적이 없다. 그렇게 승무원이라는 간절한 꿈을 단 한 번도 놓은 적이 없었던 소희의 목표는 항공과 진학이었고, 목표한 대학을 가기 위해서는 승무원 학원을 다녀야 한다는 생각이 절실했다. 입시를 준비해야 하는 고2가 되자 마음이 급해졌고 한 달 동안 부모님을 설득해서 겨우 서울에 있는 승무원 학원에 등록을 하였다. 소희의 집은 마산이다. 마산에서 서울까지 왕복 10시간 정도가 걸렸고 하루 교통비만 5만 원 이상이 들었다. 처음 시작을 할 때는 무조건 서울에 있는 학원을 다니면 뭐든지 이루어질 거 같았고, 먼 거리는 버텨내야 한다고 생각했다. 처음 한두 달은 마냥 신기하고 모든 게 신났지만, 왕복 10시간이라는 긴 통학 시간에 비해 수업 시간은 너무 짧았고 학생도 너무 많았으며 무언가 자꾸 소외되는 느낌이 들면서 학원이 가기 싫어졌다.

훌훌 털고 다시 도전

결국 등록한 지 두 달 이후부터 학원을 나간 건 손에 꼽을 정도였다. 그렇게 시간은 흘러 고3이 되었고 불안감은 점점 커졌다. 그리고 어느 날 문득 이렇게 시간이 흘러 수시 면접을 본다면 대학생도 승무원도 될 수 없을 거라는 생각이 들자 정신이 번쩍 들었다. 다행히 위기 상황에서 소희는 포기가 아닌 극복을 선택한 것이다. 서울 승무원 학원을 다니면서 지방 친구라는 소외감과 아무도 나를 챙겨 주지 않고 혼자 다닌다는 느낌이 컸던 소희는 평소 내가 올리는 게시물을 자주 보면서 꼭 나를 만나고 싶었다고 했다. 그리고 처음보다 힘들게 부모님을 설득하여, 여름방학 때 드디어 나의 멘티가 되었다.

부모님께 드디어 합격의 기쁨을 선물

여름방학 고3 집중반은 매일 수업이 있어서 소희는 가족들과 떨어져서 학원 근처의 고시원에 지내면서 면접 준비를 하였다. 허리가 아프신 어머니께서 마산에서 인천까지 운전을 해서 소희를 데려다주시고 내려가신 날, 소희는 밤새 울었다고 한다. 처음부터 제대로 알아보고 본인한테 맞는 학원을 선택하고 준비도 열심히 했으면 좋았을 것인데, 자신의 경솔함이 부모님을 더 힘들게 한 거 같고 그냥 모든 게 다 죄송해서 눈물이 멈추지 않았다. 분명 부모님을 속상하게도 하고 경제적으로 더 부담을 드리기도 했지만 수시 결과가 발표되는 12월, 소희는 부모님께 '합격'이라는 기쁜 소식을 여러 번 안겨 드렸고 어느 대학을 갈지 선택해야 하는 '행복한 고민'에 빠졌다. 그리고 최종적으로 경남 지역에서 인기가 높은 B여자대학교 항공과에 입학하였다.

연희쌤의 한마디

우리는 누구나 인생 초보이다. 고등학교에 입학을 하면 고등학생 역할도 처음이고 대학 입시도 처음 준비해 보는 것이다. 당연히 시행착오가 있을 수밖에 없다. '시행착오'를 인생의 실패라고 생각하지 말자. '시행착오'를 통해 더 발전 할 수도 있고 더 큰 사람이 될 수도 있다. 밤에 깊은 산에서 길을 있었을 때 밤하늘의 빛나는 '북극성'을 바라보며 방향을 찾듯이 가끔 무엇을 해야 할지 혼란이 올 때는, 빛나는 '나의 꿈'을 조용히 들여다 보자. 여러분 스스로 포기만 하지 않는다면 '간절한 꿈'이 여러분을 성공으로 이끌어 줄 것이다.

Dreams come true

정답은 내가 만들어 가는 거야

정원이_이야기

많은 예승이들과 소통을 하면서 행복함과 뿌듯함을 느낄 때가 많지만 종종 안타깝고 아쉬울 때도 있다. 안타까움을 느끼는 이유는 다양하지만, 대부분은 '일반화의 오류'에 빠진 경우이다. "엄마 친구 딸이 학원도 안 다니고 혼자 면접 준비했는데 합격했다고 해서 저도 혼자 하려고요.", "담임선생님께서 그러시는데 작년 선배 중에 키 168cm인 언니도 항공과 떨어졌다고 160cm 초반인 저는 안 된대요." 매년 항공과를 준비하는 학생들은 4,000여 명 정도 되고 합격생들의 키, 외모, 성적, 성격 등에 따라 준비 방법은 매우 다양하다. 왜 모두 같은 잣대로 합격을 예측하고 거기에 맞지 않으면 나는 안 된다는 생각을 하는지 정말 안타깝다.

흔들릴 수밖에 없는 심리

나는 승무원 출신도 아니며 항공과를 졸업하지도 않았다. 나에게 절대적으로 부족한 '승무원 경험'을 극복하기 위해 여러 항공사 출신인 승무원쌤들의 경험을 최대한 들으려 노력했다. 많은 예승이들의 심리를 알고자 새벽까지 많은 예승이들과 소통하고 내가 예승이라는 마음으로 살고 있다. 가장 많이 대화를 나누고 좋은 팁을 주시는 카타르항공 출신의 영미쌤이 언젠가 한번 "저도 승무원 준비할 때 눈이 큰 친구가 합격을 하면 눈이 커야 하는구나, 입이 큰 친구가 합격을 하면 나도 입이 크니까 되겠구나 이런 생각을 한 적이 있어요."라고 말했다. 4년제 대학을 졸업한 20대 중후반의 어른들도 그렇게 흔들리는데, 10대 후반 소녀들의 마음은 오죽할까라는 생각이 들었다.

가녀린 몸매와 긴 생머리의 하얗고 예쁜 얼굴을 갖고 있는 정원이의 첫 이미지는 마치 순정만화에서 튀어나온 가녀린 소녀의 느낌이다. 하지만 정원이는 누구보다 자아가 강하고 내가 지금까지 보았던 가장 '외유내강'형 멘티이다. 일반적으로 사람들이 말하는 준비 과정 따위는 깨고 스스로의 길을 만들어나가고 있는 정원이의 이야기를 꼭 '용기가 필요한' 예승이들에게 해주고 싶었다.

어릴 적 7년 동안 영국 런던에서 살았던 정원이는 또래 친구들보다 비행기를 탈 경험이 많았고 어린 정원이 눈에는 밝은 미소를 가진 승무원들이 위대한 영웅처럼 느껴졌다. 한국으로 돌아와서는 처음으로 느끼는 경쟁분위기 속의 학교생활을 적응해 내는 것 자체가 벅차 '꿈'이라는 단어는 떠올리지도 못했었다.

평균보다 이른 시작

그런 정원이의 운명을 바꿔 놓은 건 중학교 2학년 때 참가한 진로체험 프로그램이었다. 담임선생님의 권유로 경기도 소재의 S대 항공과에서 개최하는 '객실승무원 직업체험'을 신청하였고, 그날 깊이 간직하고 있었던 자신의 꿈을 다시 꺼내어 마주하는 시간을 갖게 된 것이다. 그날 정원이는 "이거 아니면 안 되겠구나."라는 절실함을 처음으로 느껴 보았다. 그 후 정원이는 '승무원'이라는 꿈을 이루기 위해 관련 책도 읽고 인터넷으로 정보도 검색하면서 늘 꿈을 가까이에 두었다. 그렇게 고1 봄이 된 정원이는 서울 J대에서 주최한 예비승무원대회에 도전하였다. 결국은 이 대회가 정원이와 나를 이어 준 소중한 징검다리가 되었다. 보통 예비승무원대회는 고2 또는 고3이 되었을 때 도전한다. 승무원 학원 역시 대부분 고2 또는 고3부터 다닌다. 고1 봄이 어쩌면 조금은 이른 시기이고, 분당에 사는 정원이가 2시간 거리의 인천에 위치한 승무원 학원까지 다니는 것에 대해 부모님 이외 모든 사람들이 반대를 하였지만, 정원이는 본인의 결정을 후회하지 않을 자신이 있었다.

나를 반성하게 만드는 멋진 멘티

학원을 다닌 지 1년이 지나고, 고2 여학생이 된 정원이는 주변의 우려와 달리 너무 멋진 멘티로 성장했다. 고1 때는 예비승무원대회에서 1학년은 수상하기 힘든 '은상'을 수상하였으며, 학원에서 진행된 프레젠테이션 경진대회에서는 대상을 받았다. 사실 정원이의 프레젠테이션 발표를 보면서 소름이 돋았으며 그날 밤 정원이의 발표 영상을 몇 번이고 되돌려 보면서 나를 반성하는 시간도 가졌다. 강사경력이 오래인 나보다도 정원이의 발표가 훨씬 훌륭했으며 발표 구성 자체의 아이디어도 넘쳤다. 그 모든 것이 오직 '노력'에서 비롯되었다는 것을 잘 알기에, 가끔은 나태해지기도 하고 일을 하면서 때로는 타협을 하려 했던 내가 부끄럽고 더 발전해야겠다는 반성의 시간을 단단히 가졌다.

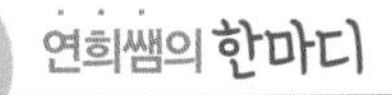

정원이의 꿈은 '승무원'이다. 1년 전 정원이의 꿈이 그냥 '승무원'이었다면 이제 정원이의 꿈은 'I대를 졸업한 D항공사 승무원 출신의 교수'이다. 목표 대학을 명확히 정했고 '승무원' 이후 두 번째 직업까지 확실하게 정했다. 면접의 답변에 있어서 정답은 없지만 모범답안은 있듯이 항공과 준비 과정 역시 정해진 답은 없다. 다만, 본인에게 맞는 모범 계획을 잘 짰으면 좋겠다. 타인의 기준도 타인의 의견도 아닌, 오롯이 본인이 하고 싶은 대로 본인이 잘 할 수 있는 대로 플랜을 짜고 그대로 한 걸음 한 걸음 걸어 가다보면 반드시 '꿈'을 만나게 될 것이다. 내가 정원이 대신 면접을 봐줄 수도 대신 시험을 봐줄 수도 없지만, 가끔 힘이 들 때는 이끌어 주고 지칠 때는 기대 쉴 수도 있는 멘토로서 정원이 옆에 늘 머물 것이다. 예승이들의 멘토로서 '두근두근 첫 비행' 그날까지 응원해 주고 잡아주는 것이 이제 나의 꿈이자 목표이다.

변하지 않았습니다.

변할 수 없었습니다.

너무나 간절합니다.

나의 꿈은 승무원입니다.

대한항공 면접 미리 배워보기

예승이들의 최종 목표는 항공사 공채 합격일 것이다. 대학 합격이라는 1차 관문을 넘고 나면, 그 후의 최종 목표는 항공사 공채 합격이다. 대한항공 면접 과정을 미리 살펴보면서 나의 꿈을 구체화 시켜보자. 소개하는 대한항공 면접 형식은 바뀔 수 있으니 참고만 하자.

전형절차

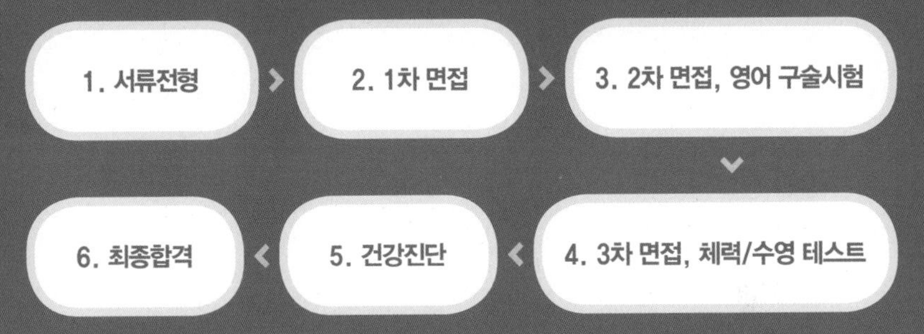

1차 실무 면접

실무 면접은 회사, 객실승무원 업무에 대한 이해, 지원동기 등 자세와 말씨, 음성, 의사표현 등 서비스 직무에 적합한지, 기본적인 자질을 확인하는 면접이다.

- 면접관 : 2명
- 진행시간 : 20분
- 면접인원 : 7~8명

2차 면접

대한항공 2차 면접은 영어면접을 먼저 보고 바로 임원면접을 본다. 영어면접은 영어 기내 방송문을 읽고 나서 원어민 면접관과 1:1 면접을 본다. 기내 업무 수행을 위한 기본적인 영어능력을 필요로 하기 때문에 발음과 전달력, 표현력이 중요하다. 임원면접에서는 직무수행능력, 상황대처능력이 중점적인 확인 사항이다.

- 면접관 : 영어면접 2명, 임원면접 3~5명
- 진행시간 : 영어면접 3분, 임원면접 20분
- 면접인원 : 영어면접 1명, 임원면접 5~6명

3차 면접

대한항공 인재상과 부합하는지 여부 등을 종합적으로 고려하는 면접이다.

- 면접관 : 3~5명
- 진행시간 : 20분
- 면접인원 : 5~6명

체력테스트

높이뛰기, 윗몸일으키기, 지구력 테스트, 악력 테스트, 유연성 테스트, 민첩성 테스트, 수영 테스트

건강진단

문진표 작성, 신체 측정(신장, 체중), 소변 검사, 혈액 검사, 고막/청력 검사, 무릎 근력 측정, 흉부 X-RAY

면접 Tip

대한항공 인재상

❶ **진취적인 성향의 소유자**
항상 무엇인가를 개선하고자 하는 의지를 가지고, 변화를 통해 새로운 가치를 창조해내고자 하는 사람

❷ **국제적 감각의 소유자**
자기중심적 사고를 탈피하여, 세계의 다양한 문화를 이해할 수 있는 세계인으로서 안목과 자질을 갖춘 사람

❸ **서비스 정신과 올바른 예절의 소유자**
단정한 용모와 깔끔한 매너, 따듯한 가슴으로 고객을 배려하는 예절 바른 사람

❹ **성실한 조직인**
작은 일이라도 책임감을 완수하며, 원만한 대인관계를 유지하는 성실한 조직인

❺ **팀플레이어(Team player)**
같이 일하는 동료의 의견을 경청하고 화합하여 업무를 수행할 수 있는 사람

기출문제

대한항공 1차 면접

1. 승무원이 꼭 갖추어야 한다고 생각하는 자질
2. 어떤 승무원이 되고 싶은지
3. 본인이 꼭 뽑혀야 하는 이유
4. 대한항공 유니폼이 어떻다고 생각하는지
5. 대한항공 슬로건을 새로 만든다면?
6. 서비스가 왜 중요한지?
7. 대학 졸업 후에 무엇을 했는지?
8. 가보고 싶은 나라
9. 최근 관심사
10. 좌우명

대한항공 2차 면접

• 영어면접

1. 대한항공 간단히 소개
2. 기내식 아는 것 말하기
3. 서비스 경험
4. 건강관리 방법
5. 외국인에게 소개하고 싶은 곳

• 임원면접

1. 승무원 업무 중 어려울 것 같은 일은?
2. 승객이 반말을 하면?
3. 눈을 떴는데 비행에 너무 늦었다면?
4. 승무원이 안 된다면 무엇을 할 것인지
5. 비행기가 뜨는 원리를 아는지
6. 양성 평등에 대해 어떻게 생각하는지
7. 10년 후에 무엇을 하고 있을지
8. 자신 있는 요리가 있는지

대한항공 3차 면접

1. 대한항공에 대해 아는 것 다 말하기
2. 취업이란?
3. 지금 기분이 어떤지
4. 자신이 가장 잘 하는 것
5. 자신의 가치를 돈으로 환산한다면?
6. 자신의 장점을 발휘했던 경험
7. 감정 노동에 대한 본인의 견해
8. 좋아하는 색깔
9. 부모님 보내 드리고 싶은 여행지
10. 말하고 싶은 것 아무거나

내가 꿈꾸는 직업, 마냥 아름답고

쉬운 일은 절대 아니다.

모두들 여행의 설렘에 들떠있는

비행기 안에서 이런저런 서비스를

해야 하며 졸린 눈을 비비고

시차 적응을 할 때가 비일비재하고,

다리가 퉁퉁 부을 때도

비좁은 갤리에서 서비스 준비에 나도 모르게

손이 베일 때도 있다.

만만하지도 순탄하지도 않은 길.

하지만 난 이 길을 가기로 했다.

나의 꿈은 승무원이다.

대학별 입학처 전화번호

책에 많은 정보, 정확한 정보를 담으려 노력했지만, 대학별 세세한 사항을 담을 수는 없어 아쉽다. 매년 조금씩은 변동사항이 있을 수 있으므로 정확한 답변은 대학에 직접 전화해서 물어보는 것이 가장 확실하다.

4년제	
한서대학교	041-660-1020
극동대학교	1588-7470
백석대학교	041-550-0800~3
청주대학교	043-229-8114
광주여자대학교	062-950-3521~4
중부대학교	041-750-6807~9
세한대학교	1899-0180
청운대학교	041-630-3333~9
초당대학교	1577-2859
세명대학교	043-649-1107
서울문화예술대학교	1588-7101
삼육대학교	02-3399-3636
호서대학교	041-540-5075~6
배재대학교	042-520-5114
가톨릭관동대학교	033-649-7000
호남대학교	062-940-5555
중원대학교	043-830-8082~5
서원대학교	043-299-8802
호원대학교	063.450.7033
한국국제대학교	055-751-8077
김천대학교	054-420-4137, 4147
대구한의대학교	053-819-1702~3
동양대학교	054-630-1025

영산대학교	051-540-7700
우석대학교	063-290-1037~42, 1204~4
동신대학교	061-330-3333

2년제	
인하공업전문대학	032-870-2404
수원과학대학교	031-350-2205~6
부천대학교	032-610-0700~2
연성대학교	031-441-5594~5
장안대학교	031-299-3333
한양여자대학교	02-2290-2111
한국관광대학교	031-644-1101
대림대학교	031-467-4601~6
명지전문대학교	02-300-1000
인덕대학교	02-950-7000
용인송담대학교	031-330-9000
오산대학교	031-370-2500
신구대학교	031-740-1135~7
경인여자대학교	032-540-0035
두원공과대학교	031-8056-7022~4
재능대학교	032-890-7020~1
충청대학교	043-230-2501~3
경복대학교	031-570-9540, 9546
동원대학교	031-760-0111
백석예술대학교	02-520-0690
강동대학교	031-643-6112~5
동남보건대학교	031-249-6265~6265
한국영상대학교	044-850-9031~9034
영남이공대학교	1577-7120
서영대학교	031-930-9521~2

▲ 위의 소개된 대학은 전국의 모든 항공과 대학이 아닌 일부 대학입니다. 또한 전화번호는 변경이 될 수도 있다는 점 양해해 주세요.

꿈, 7전 8기

이영미 선생님

고등학교 때, 나의 꿈은 승무원이었다. 대학교 때도, 나의 꿈은 승무원이었다. 내가 승무원을 준비하기 전까지 그 사실을 아무도 몰랐다. 남들에게 말하지 않아서 나에 꿈에 대해 아는 사람은 없었지만 누구보다도 꿈에 대한 열정은 가득했다. 대학교 4학년 때, 그때부터 학원을 등록하고 미소 연습, 인사 자세, 다리 붙이기, 답변 연습 등을 했다. 학원을 등록한 지 몇 개월 후 아시아나 국내선에 공채가 나왔고, 서류 합격만으로도 뛸 듯이 기뻐했다. 면접은 망쳤는데 어디서 나온 자신감인지 그래도 붙을 줄 알았다. 결과는 당연히 불합격이었다. 불합격에 대한 충격에 사로잡혀 있을 때 외국항공사 TG airways의 공채가 나왔고, 어느 항공사인지도 모르고, 영어 답변만 외우면 된다기에 1차 면접을 굉장히 열심히 준비해서 봤고 합격했다. 하지만 대형항공사를 가자는 신념 때문에 2차 면접은 가지 않았다. 그때 면접으로 인해 한 가지 목표가 생겼는데 바로 영어공부였다. 약 6개월 동안은 국내항공사를 준비하고, 그 후 6개월 동안은 외국항공사 취업을 위해 외국항공사 승무원 스터디를 하면서 영어공부를 했고 면접이 있으면 시험도 봤다. 하지만 1차에서 계속 탈락을 했고 엄마를 비롯한 주변사람들이 내가 승무원이 될지에 대해 의문을 갖기 시작했다. 그 당시의 나는 친구들 사이에서는 돈 못 버는 취준생(취업 준비하는 학생)이었고, 가족들 사이에서는 눈치 없이 꿈만 크게 가진 둘째 딸이었다. 오죽하면 친한 친구와 사주카페까지 찾아갔었다. 결과는 승무원 팔자가 아니란다. 포기하지 않고 면접 준비를 계속했고, 드디어 카타르 항공 최종면접을 보게 되었다. 최종 면접을 함께 본 친구나 언니들과 이번에는 같이 가자며 눈물을 훔쳤지만, 다른 사람들은 합격하고 영어 부족과 이마에 있는 상처 때문에 나만 불합격했다. 하루 종일 울었던 기억이 난다. 그 후, 또다시 카타르 항공사의 면접을 봤고 최종면접을 보았다. 승무원 준비만 2년을 했고 계속해서 노력을 했으니 나도 이젠 합격을 하겠지라고 생각했지만 성대결절로 인해 난 또 불합격이었다. 다시 공채가 났지만 이제 모든 게 귀찮아졌고 다 내려놓고 싶었다. 그런 나를 언니는 강남에 있는 용하다는 점집으로 데리고 갔다. 그 점쟁이도 승무원 팔자는 따로 있다며 나는 승무원이 안 된단다. 그때 한 생각이 승무원 팔자가 아니면 만들면 되잖아라고 생각하고 면접 준비만 생각했고, 다음날 가벼운 마음으로 면접 장소로 향했다. '꼭 되어야지'라는 마음보다는 그냥 '나를 보여주자'라는 마음으로 면접을 했고, 유명하다는 두 점쟁이의 말과는 다르게 난 최종 합격을 했다.

꿈만 좇는 한심했던 한 여학생이 이제는 주변에서 부러워하는 꿈을 이룬 전문직 여성이 된 것이다. 누군가가 그랬다. 합격과 불합격은 종이 한 장 차이라고. 꿈을 이루고 나니 그 종이 한 장 차이가 무엇인지 알 것 같다. 그것은 바로 노력과 믿음, 그리고 긍정적인 사고이다. 승무원을 준비하는 친구들에게 꼭 말해 주고 싶다. 남들의 잣대를 믿지 말고 본인의 꿈을 믿고 죽을힘을 다해 노력하라고. 그러면 1년이 걸리던지 2년 또는 더 오랜 시간이 걸려도 결국 누군가는 그 노력을 알아줘서 합격이라는 편지를 줄 것이다.

승무원 시절의 이영미 선생님

무엇이든 물어봐 예승이들아!

Q

항공과와 일반학과 중에 어느 곳을 더 선호하나요?

정말 예승이들이 진지하게 고민해봤으면 하는 질문이다. 대학에서 학과를 정하는 것은 매우 중요하다. 많은 우리나라 대학생들이 전공을 못 살리고 전공과는 전혀 무관한 쪽으로 취업을 하는 것이 안타깝지만 현실이다. 나 또한 현재 직업으로 보면 전공을 못 살린 경우이다. 학창시절에 과학, 수학을 매우 좋아해서 항상 높은 점수를 받아 당연히 이과 계열을 생각했었고, 향수를 만드는 직업인 조향사를 꿈꿔서 화학과를 진학했지만 막상 대학에 들어가니 현실이 보이고 공부를 하면 할수록 후회를 했었다. 학점 유지는 간신히 했지만 대학에서 배운 과목 중에서 아직까지 기억에 남는 과목은 전공과목이 아닌 교양과목이다. 졸업 후 꽤 오랜 시간 동안 종로엠스쿨, 하이스트와 같은 학원에서 과학과 화학을 가르쳤으니 전공이 도움은 되었지만 진심으로 '꼭 내가 가고 싶은 대학의 학과 커리큘럼을 살펴보라'는 조언을 해 주고 싶다. '내가 승무원이 되기 위해서 어느 학과를 가면 유리할까?'도 물론 생각해야겠지만 '내가 어느 학과를 가면 즐겁게 배우고 내가 살아가는데 평생 남을 교육을 받을까?'를 더 고민해 봤으면 좋겠다.

내신 3~4 등급이라면 항공과를 더 추천해 주고 싶다. 아직까지 우리 사회에서는 서울에 있는 대학 출신과 지방대 출신이 똑같은 대우를 받는다고 자신 있게 말할 수가 없다. 보이지 않는 벽은 분명히 존재한다. 4년제 대학 항공과는 서울이나 수도권 지역에는 없다. 지방대이지만 의대나 한의대를 입학한 친구에게 "넌 지방대를 다니니까 공부를 못했구나."라고 말을 하진 않는다. 비슷한 경우라고 생각하면 좋을 것이다.

내신 성적이 낮아도 면접으로 대학 갈 수 있나요?

등급을 기준으로 진학이 가능한 학교를 대략 나눠보면 1등급은 서울에 있는 4년제 대학, 2등급은 인천, 경기권 4년제 대학, 3등급은 충청도권 4년제 대학, 4등급은 충청도보다 더 먼 지방 4년제 대학, 5등급부터 갈 수 있는 4년제 대학은 희박하다.(항공과나 면접 비중이 높은 과를 제외한 일반 내신 성적으로 가는 대학을 기준으로) 고3 친구들은 어느 정도 알겠지만 잘 모르는 고2 또는 고1 친구들이라면 충격을 받을 수 있지만 이게 현실이다.

지금 내신이 낮다고 대학을 포기할까? 포기란 예승이들에게 어울리지 않는 단어이다. 내신이 낮아도 면접으로 갈 수 있을까? 충분히 가능성은 있다. 그러니까 절대 포기하자 말자. 우선 최저등급을 공개하는 학교도 있고 공개하지 않는 학교도 있다. 면접 비중이 평균 50% 정도이기 때문에 성적이 더 중요하다고 생각하는 4년제부터 짚어 보면 최근 학년도 청운대 최저등급은 6.9등급, 호원대 최저등급 8등급이다. 물론 모든 4년제 대학이 이렇지는 않지만 평균적으로 6등급 친구도 면접을 정말 잘 보거나 토익 같은 무기를 만든다면 4년제 대학의 항공과 입학이 가능하다.

2년제의 경우 인하공업전문대학을 제외하고는 실제 면접 비중이 70% 이상이다. 때문에 최근 학년도 수원과학대학교 같은 경우 수시 1차 최저등급은 8.26등급, 수시 2차 최저등급은 9.99등급이었다. 물론 만점에 가까운 면접 점수를 받았으리라 예상한다. 누구나 7~9등급인데 대학을 갈 수 있다는 말은 절대 아니다. 하지만 어떠한 도전이나 노력도 하지 않고 지금 내 성적에 대해 비관하거나 포기하지 말라는 조언이다. 승무원은 뛰어난 학문적 능력보다는 호감 가는 인상과 바른 태도, 유연한 대처능력이 더 필요한 직업이다. 때문에 성적으로 판가름 나는 대학에서조차 항공과는 면접을 보고, 실질 면접 비중이 40%부터 최대 90% 이상인 학교까지 있으므로 내신관리를 꾸준히 하면서 면접 준비까지 잘한다면 꼭 여러분이 희망하는 대학에 입학할 수 있을 것이다. 절망보다는 희망을 부정보다는 긍정을 생각한다면, 반드시 좋은 결과가 있을 것이다.

Q 외국항공사 승무원이 되려면 항공과보다 어문과가 유리한가요?

외항사 승무원이 국내 항공사 승무원보다 영어를 더 잘해야 하는 것은 확실하다. 하지만 외항사 승무원이 갖추어야 할 영어실력은 말 그대로 회화가 우선이지 토익점수나 영문법, 작문 실력은 그 후 이야기인 것이다. 우리나라는 워낙 스펙을 중요하게 생각하는 경향이 있어 대부분 대학생들이 토익을 공부한다. 그러다 보니 토익점수가 800후반 대이면서도 영어회화 실력은 예상외로 많이 부족한 경우가 있다. 토익점수가 중요한 것이 아니라 다양한 나라의 승객을 응대하고 커뮤니케이션이 되는 사람인지 긍정적이며 활달하고 적응력이 있는 사람인지를 보기 때문에 자연스러운 영어 인터뷰가 가능한 회화 실력을 필요로 한다. 여기서 또 중요한 것은 대부분의 학생들이 영문과를 가면 회화 실력이 늘고 토익 공부를 한다고 생각하는데 이건 큰 오해다. 예를 들어, 우리도 한국어로 의사소통이 가능하다. 그런데 고등학교에서 배우는 국어 문법이나 작문이 쉬운가? 당연히 아니라고 대답을 할 것이다. 영문과에서 고등과정의 국어를 배운다고 생각하면 쉽게 이해가 될 것이다. 외항사 승무원에게 필요한 영어는 회화인데 영문과를 간다고 해서 회화 위주의 영어를 배우는 게 아니라는 걸 명심했으면 좋겠다.

항공과는 학교마다 조금씩 다르지만 기내 서비스와 관련된 실무 수업과 영어회화, 토익, 기내에서 쓰는 영어, 중국어, 일본어 회화를 배우기 때문에 오히려 예승이들이 희망하고 배우고 싶은 학문은 영문과보다 항공과에서 더 배울 수 있을 것이다. 외항사를 꿈꾸는 친구가 과 선택을 놓고 고민하고 있다면, 우선 희망 1지망 대학은 두 과를 모두 선택한 다음, 학과 커리큘럼을 꼼꼼히 따져 보았으면 좋겠다. 외항사승무원이 영어 소통 능력만 뛰어나다고 될 수 있는 것은 절대 아니다. 기본적으로 승무원이 갖추어야 할 자질은 외항사승무원도 마찬가지이다. 그러므로 항공과가 아닌 어문계열 진학을 목표로 두고 있는 예승이라면 미소 연습, 바른 자세 연습, 워킹 연습 등도 같이 스스로 해야 하고, 오랜 시간 연습을 해야 하는 것들은 지금부터라도 조금씩 준비를 시작하길 권유한다.

Q

승무원이 되려면 영어를 매우 잘해야 하나요?

영어를 엄청 잘해야지만 객실승무원이 될 수 있는 것은 아니다. 대부분 비행기를 타보았으니 잘 알 것이다. 기내에서 승객과 승무원이 나누는 대화는 매우 제한적이라서, 흔히 생각하는 것처럼 승무원을 외국인과 자유로운 커뮤니케이션이 가능한 사람만 할 수 있는 것은 아니다. 또한 항공과로 입학을 하면 기내에서 자주 쓰는 영어, 중국어 등을 배운다. 지금 영어 때문에 승무원을 포기할 이유는 전혀 없다. 지금 내가 회화가 안 되고 토익점수가 전혀 없어도 충분히 배우고 준비한다면 객실승무원이 갖추어야 할 어학 실력은 누구나 갖출 수 있다. 국제선 승무원을 기준으로 대한항공 같은 경우 토익 550점, 아시아나의 경우 기준 점수가 없으며 토익점수 소지자는 누구나 지원 가능하다. 사실 토익 990점 만점에 550점이라면 그리 높은 점수는 아니다. 물론 실제 대한항공 합격생 평균 토익은 650점~700점 정도이다. 하지만 이 점수 또한 다른 대기업에서 요구하는 토익점수 대비 다소 낮은 점수이기 때문에 영어 때문에 승무원이라는 꿈을 포기하지는 않았으면 좋겠다.

승무원을 꿈꾼다면 영어랑 친해지는 건 반드시 필요하다. 지금 나의 영어회화 실력이, 토익점수가 다소 부족하더라도 포기하지 않고 계속 도전하고 노력한다면 반드시 좋은 결과가 있을 것이다. 하지만 영어에 관련된 아무런 준비를 하지 않는다면 항공과에 입학을 하더라도 승무원이 되긴 어렵다. 때문에 지금부터라도 영어랑 친해지기 위해 노력하고 기초 토익부터라도 조금씩 공부하는 걸 권유한다. 대학 역시 항공과 같은 경우 면접비중이 워낙 높아서 합격생의 내신 스펙트럼 폭이 매우 넓기 때문에, 응시자가 영어 공부에 대한 의지와 발전 가능성이 있는지 알고 싶어 한다. 자기소개를 해보라는 질문보다 공인된 어학점수가 있는지라는 질문을 더 많이 받은 응시자도 있다. 2년제 대부분의 항공과 대학은 영어 지문을 읽는 추세이다. 공인된 어학점수가 없다고 영어 지문을 못 읽었다고 무조건 불합격이 되는 것은 아니다. 하지만 면접은 자신감이 있어야 하고, 이런 상황에서 자신감이 없고 두려워한다면 좋은 결과를 기대하긴 어려울 것이다. 나의 자신감을 위해서, 나의 미래를 위해서 지금부터 영어랑 조금씩 친해지고 토익공부도 시작해 보자.

미소 연습은 얼마나 해야 하나요?

승무원을 꿈꾸는 이상 미소 연습은 끝이 없다고 생각하면 좋을 거 같다. 승무원에게 환한 미소는 꼭 필요한 자질이다. 때문에 항공과 면접 또는 공채 면접을 볼 때 미소가 어색한 응시자는 뽑지 않는다. 주변에 평소에 잘 웃는 친구들을 유심히 보면 입꼬리도 올라가 있고 항상 생글생글하며 긍정적 이미지가 느껴질 것이다. 미소는 연습이 매우 중요하다. 하루에 자기 전 5분씩 거울을 보면서 미소 연습을 하는 것도 굉장한 노력이고 미소 연습에 도움이 될 것이다. 하지만 정말 자연스러운 미소를 가지려 한다면 하루 5분의 미소 연습으론 부족할 수밖에 없다. 23시간 55분은 우울한 표정으로 지내다가 "내 꿈은 승무원이니까 5분 미소 연습 해야지. 웃자."라는 마음으로 웃는다고 과연 자연스럽고 호감 가는 미소를 가질 수 있을까?

나이가 들면 자신의 인생을 책임져야 한다는 말이 있다. 부모님께서 물려주신 유전자인데 뭘 책임지라는 거야? 이목구비가 아닌 인상을 말하는 것이다. 지금까지 초.중.고등학교를 보내면서 만나 뵈었던 선생님 중에 화가 많고 작은 일에도 짜증을 내시는 분이 분명 있었을 것이다. 그 선생님의 얼굴을 떠올려 보면 미간에 짙은 주름이 있고, 화를 내지 않은 무표정 상태에서도 화가 난 거 같은 얼굴일 것이다. 반대로 밝고 작은 잘못은 미소로 넘겨주시는 선생님의 얼굴을 떠올려 보면 꼭 예쁘고 잘 생겨서가 아니라 굉장히 호감이 가는 인상이었을 것이다. 여러분은 당연히 후자의 선생님과 같은 인상을 지녀야 하는 예비승무원이다. 그러므로 평소에도 그냥 계속 웃으려고 노력하자. 되도록이면 긍정적으로 생각하려 하고 컴퓨터를 할 때도 TV를 볼 때도 웃으면서 보자. 미소 연습이 습관이 돼서 지나가다가 거울에 비친 미소 띤 내 얼굴을 보고 깜짝 놀랐다는 승무원 리얼 스토리의 주인공 카타르 항공 출신 영미 선생님의 말이 매우 공감이 간다. 여러분도 그런 노력이 필요하다. 스마일 퀸이 되는 그날까지 모두 화이팅!

Q

항공사마다 요구하는 암리치는 다른가요?

암리치(Arm reach) 제한은 항공사마다 다르다. 아시아나의 경우 암리치는 220cm이다. 우선 암리치가 정확히 무엇인지 모르는 예비승무원들도 있으니 설명을 해주자면, 두 발이 모두 땅에 닿은 채로 까치발을 해서 손이 닿는 위치를 말한다. 객실승무원을 하려면 항공사가 요구하는 암리치에 해당이 되어야 한다. 161cm 정도의 키를 갖고 있다면 암리치 220cm 정도는 된다. 목표 위치에 손이 닿지 않더라도 계속 연습하고 스트레칭 및 요가를 하면 충분히 닿을 수 있으니 어느 정도의 키라면 노력하면 된다. 대표적인 외국항공사인 아랍에미레이트와 카타르 항공 같은 경우 요구하는 암리치는 212cm이다. 때문에 신장이 157~158인 친구들도 충분히 객실승무원을 도전할 수 있고 현직으로 근무하고 있는 객실승무원들도 있다.

중3 또는 고1 친구들이 키가 150cm 중후반이라서 승무원 포기해야 하냐며 고민상담 메시지가 오면 매우 안타깝다. 이 시기는 성장기이므로 고민을 하기보다는 아침, 저녁으로 스트레칭을 10분씩 하고 시간 날 때 줄넘기를 열심히 하면 충분히 더 클 수 있다. 중학교 때 이후는 대부분 성장속도가 빠르지 않기에 성장이 끝났다고 포기하는 친구들이 있는데 절대 그러면 안 된다. 아무런 노력도 안 한다면 전혀 크지 않거나 1cm 내외로 크게 된다. 안 클 키도 스트레칭, 줄넘기 등을 열심히 해서 노력한다면 분명 2~3cm 이상 클 수 있을 것이다. 나는 키가 작아서, 나는 얼굴이 승무원상이 아니라서, 나는 영어를 못해서 도전조차 하지 않고 꿈을 접으려고 하나? 10대는 꿈을 꾸고 도전할 때이지 절대로 비관하고 포기할 시기가 아니다. 승무원은 저 하늘의 별과 같은 직업이 절대 아니다. 누구나 충분히 도전해 볼 수 있는 직업이다.

Q

특성화고나 2년제 대학가서 잘 된 경우가 있나요?

중3 친구들의 가장 큰 고민 중 하나는 인문계고등학교를 갈 것인지 특성화고등학교를 갈 것인지를 선택하는 것이다. 인문계고등학교를 진학했다고 해서 모든 학생이 좋은 대학을 가는 것은 아니다. 또 특성화고등학교를 진학했다고 해서 대학을 가지 못하는 것은 아니다. 항공과를 기준으로 보면 특성화고 전형이 따로 있는 학교도 있고 일반전형으로 통합인 학교도 있다. 예를 들어, 인

하공업전문대학 같은 경우 수시 1차 때 인문계 전형 81명 특성화 전형 6명을 뽑았다. (매년 모집 인원은 달라질 수 있다.) 하지만 수원과학대학교, 장안대학교, 한양여자대학교 같은 경우 일반전형으로 특성화고 전형이 따로 있지 않다. 그러므로 학교 분위기나 나의 적성 등을 잘 생각해서 선택하면 좋겠다. 항공과를 갈 생각이라면 어차피 수시를 준비해야하므로 내신관리가 힘든 인문계는 피하는 게 좋지 않을까 한다. 나의 멘티들 중에는 흔하지는 않지만 중3 겨울방학, 즉 예비고1 때부터 학원을 등록하는 경우도 있다. 승무원이라는 꿈이 확실하고 항공과 입학을 목표로 입시를 준비할 거라면 그에 맞는 전략을 짜는 게 중요하다. 늘 말하지만 입시는 전략이다.

2년제와 4년제 대학도 마찬가지이다. 2년제 대학을 나와도 충분히 대한항공이나 아시아나항공과 같은 국내 메이저항공사도 입사가 가능하다. 4년제를 나왔다고 무조건 입사가 되고 2년제를 나왔다고 입사가 불가능한 것이 아니다. 항공사 입사는 본인하기 나름이다. 우리나라에서 아직 전문학사졸업자가 대기업에 입사하여 학사졸업자와 똑같은 대우와 똑같은 직무를 한다는 게 어려운 현실인데, 객실승무원 같은 경우에는 큰 차이 없이 근무를 할 수 있다는 매력을 갖고 있다. 승무원이 되기 위해서는 토익과 기본적 영어인터뷰는 가능해야 하므로 2년제 대학 재학 중 어학 부분에 부족함을 느낀다면 어학연수를 다녀오거나 국제대학 또는 편입학을 준비하는 등 다양한 방법으로 준비할 수 있다. 여러분이 노력하고 도전한다면 길은 열려 있으니 너무 걱정 말고 도전하자.

Q

항공과를 정시로 준비해도 괜찮을까요?

예승이들에게 받는 많은 질문 중 안타까운 질문 베스트 5 안에 드는 질문이다. 항공과 진학을 목표로 생각하면서 정시로 준비 예정인 예승이들이 있을까? 안타깝게도 있을 것이다. 있다면 이 글을 본 후로는 진지하게 고민해봤음 좋겠다. 2021학년도 한서대학교의 경우, 정시에서 단 한 명도 뽑지 않았다. 수시에서 정원 모두를 선발했다. 인하공업전문대학, 수원과학대학교, 부천대학교, 연성대학교 등 2년제, 4년제 대학 대부분이 수시에서 정원의 80~90%를 모집한다. 그래서 항공과 입시를 준비한다면 정시보다는 수시에 집중해야 한다. 정시는 수시가 모두 안 됐을 경우 포기하지 말고 끝까지 해보는 마지막 수단이다. 3월은 예승이들이 힘들어 하는 달이다. 왜 그럴까? 담임선생님과의 상담에서 이런 저런 이유로 "네가 무슨 승무원이야?" 부정적 이야기를 많이 듣기 때문이다. 이럴 때 상처받고 슬퍼하면 결국은 본인 손해라는 말, 꼭 해주고 싶다. 물론 여러분이 싫어서 하신 독한 말씀은 아니겠지만 나의 꿈에 대한, 나의 진로에 대한 중심은 네가 꽉 잡고 있어야 한다. 승무원이 되기 위해서는 꼭 항공과를 진학해야 하는 건 아니다. 다른 과를 나와서도 항공사 입사 지원이 가능하고 실제로 타과를 전공하고 승무원의 길을 걷고 있는 승무원들도 많다. 다만, 내 성적과 나의 상황 나의 꿈 등등 여러 가지를 고려해서 항공과 진학을 목표로 정했다면 흔들리지 말고 항공과 입시에 맞는 전략을 짰으면 좋겠다.

내신관리 잘하는 비법이 있나요?

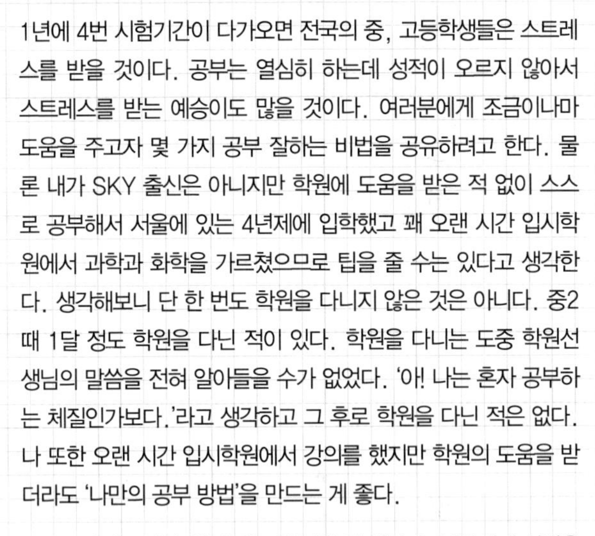

1년에 4번 시험기간이 다가오면 전국의 중, 고등학생들은 스트레스를 받을 것이다. 공부는 열심히 하는데 성적이 오르지 않아서 스트레스를 받는 예승이도 많을 것이다. 여러분에게 조금이나마 도움을 주고자 몇 가지 공부 잘하는 비법을 공유하려고 한다. 물론 내가 SKY 출신은 아니지만 학원에 도움을 받은 적 없이 스스로 공부해서 서울에 있는 4년제에 입학했고 꽤 오랜 시간 입시학원에서 과학과 화학을 가르쳤으므로 팁을 줄 수는 있다고 생각한다. 생각해보니 단 한 번도 학원을 다니지 않은 것은 아니다. 중2 때 1달 정도 학원을 다닌 적이 있다. 학원을 다니는 도중 학원선생님의 말씀을 전혀 알아들을 수가 없었다. '아! 나는 혼자 공부하는 체질인가보다.'라고 생각하고 그 후로 학원을 다닌 적은 없다. 나 또한 오랜 시간 입시학원에서 강의를 했지만 학원의 도움을 받더라도 '나만의 공부 방법'을 만드는 게 좋다.

공부 잘하는 비법 첫 번째는 '설명을 하라'이다. 남들에게 설명을 하려면 스스로 어느 정도 이해를 한 상태이기 때문에 가능하다. 그래서 나는 공부할 때 친구들에게 설명을 자주 해주는 편이었다. 또는 집에서 혼자 공부할 때는 마치 친구가 있다고 생각하고 혼자서 막 설명을 했다. 혼자 공부하는데 막 말소리가 나니까 어머니께서 놀라셔서 방문을 열어 본 적도 있다. 공부 잘하는 비법 두 번째는 암기과목 또는 영어 단어 같은 경우 '테스트를 자주 하라'이다. 학습 능력 향상에 관한 연구결과를 보면 줄을 긋거나 별표는 치는 방법은 성적 향상에 큰 도움이 되지 않는다고 한다. 가장 도움이 되는 방법은 바로 '테스트'라고 한다. 혼자 테스트지를 만들어 보거나 친구들과 서로 문제 맞추기를 해보는 것도 좋다.

공부 잘하는 비법 세 번째는 '사랑하라'이다. 참 어려운 말이다. 하지만 정말 모든 일은 마음먹기에 달려있다. '나는 과학이 싫어.'라는 생각을 하는 순간 과학책을 보기도 싫을 것이다. 그렇다면 좋은 성적은 당연히 기대하기 어렵다. '성적이 다소 나오지 않는 과목이라도 나는 이 과목을 지금 조금 못 할 뿐이지 싫진 않아. 점점 친해지자'라는 마음으로 다가간다면 조금은 더 공부하기 수월하지 않을까? 마지막으로 2년제 항공과 같은 경우 대부분 전과목을 반영하고, 4년제 항공과 같은 경우에는 주요과목을 반영하는 곳이 많으니 이 부분을 참고해서 성적 관리 잘했으면 좋겠다. 이 글을 읽는 예승이들 모두가 1등급이 될 수는 없지만 노력한 만큼 스스로 만족할 수 있는 결과 모두 받길 간절히 응원하고 기도한다.

Q

승무원 학원은 언제부터 다녀야 적당할까요?

딱 정해진 시기가 있진 않다. 본인에게 맞는 시기와 잘 맞는 학원을 선택하면 된다. 평균적으로 승무원 학원을 다니기 시작하는 시기는 고2 때부터 이다. 아직까지 우리나라 입시는 11월에 수능을 보고, 1월 정시로 진학하는 과정이 일반적이기에 2학년 겨울방학부터 시작해도 충분하다라고 생각하는 예승이들도 많다. 하지만 정작 고2 겨울방학 즉, 예비 고3 때 면접 준비를 시작한 대부분의 친구들은 조금 더 일찍 시작할 걸 하는 후회를 한다. 그도 그럴 것이 항공과 면접은 수시합격을 목표로 준비해야 하며 수시 면접이 빠른 대학은 9월 말부터 시작하고, 평균적으로 10월 초부터 진행되기 때문에, 예비 고3도 결코 빠른 것이 아니다. 또한 면접 준비가 시작 전에는 어려워 보이지도 않고 오랜 시간이 걸릴 거라는 생각을 하지 않는다. 막상 면접 준비를 제대로 시작한 예승이들이 하는 대부분의 말은 "면접 준비 하면 할수록 할 게 왜 이리 많은지 모르겠어요. 끝이 없어요."라고 한다. 이 글을 읽는 고3 예승이라면 고개를 끄덕이며 격한 공감을 하리라 짐작한다. 또 고3 때부터 학원을 다닌 예승이들이 아쉬워하는 부분이 바로 토익 준비다. 스스로 설명회나 입시박람회도 찾아다니고 본인에 맞는 플랜을 잘 짠다면 금상첨화일 것이다. 하지만 대부분 학원을 다니지 않는 예승이들은 승무원이라는 꿈과 항공과 진학이라는 목표는 있지만 정작 내가 무엇을 해야 할지 몰라서 막막해 하는 경우가 대부분이다. 그렇게 우물쭈물 시간을 보내다가 고3이 되어서 학원을 오면 이미지메이킹부터 답변준비까지 할 게 너무 많기 때문에 확실한 플러스 점수가 있는 것이 아닌 있으면 더 호감을 얻을 수 있는 토익까지 준비하기에는 너무 시간이 빠듯하다.

그래서 토익을 포기할 수밖에 없는 안타까운 상황을 많이 보았다. "나는 토익은 대학교 가서 해야지."라는 확실한 계획이 아니라 하고는 싶은데 면접 준비에 시간이 안 돼서 못하는 상황이라면 얼마나 아쉬울까? 마음이 조급하면 나의 실력을 다 보여주기가 어렵다. 때문에 미리 준비를 시작한 친구들을 뒤쫓는 안타까운 상황은 만들지 않았으면 좋겠다. "나는 고3부터 해도 충분히 모든 준비가 가능해."라고 생각한다면 고3부터 시작하는 것이 맞고, "나는 고2부터 여유 있게 하고 싶어."라고 하면 고2가 맞는 것이다. 과연 정해진 정답 시기가 있는 걸까? 나는 자세도 바르지 않고 미소도 어색하고 남들 앞에 나서서 말하는 것도 부족하다고 스스로 느끼거나 또는 차근차근 조금씩 배우고 싶다면, 그 시기가 바로 정답이다. 마지막으로 면접 준비를 시작한다고 내신 관리를 포기하는 것이 아니다. 또한 면접 준비를 시작했다고 내신 관리를 소홀히 해서도 절대 안 된다. 1년 동안 4번의 중간고사, 기말고사를 보며 365일 내내 중간고사, 기말고사를 공부하는 친구들은 없을 것이다. 시간 활용을 현명하게 하자. 여러분 스스로 정한 그 시작시기가 정답이 될 수 있게 말이다.

예비승무원 여러분!
꿈을 위한 도전에
항상 응원의 박수를 보냅니다.